經濟學的決策思想

300年來，人類如何思索風險，選擇與不確定

喬治・史皮婁
George G. Szpiro —— 著

劉凡恩 —— 譯

Risk, Choice, and Uncertainty

Three Centuries of Economic
Decision-Making

獻給塔馬（Tamar）、蘿縢（Rotem）、丹尼爾（Daniel）
與本書讀者

前言 008

第一部：幸福與財富效用

　1. 一切始於一則悖論 016
　2. 愈多愈好…… 048
　3. ……程度遞減 076

第二部：數學乃眾學科之后

　4. 邊際學派三巨頭 110
　5. 被遺忘的前人 164
　6. 我信故我賭 174
　7. 經濟學家的遊戲 190
　8. 波浪曲線 220
　9. 比較那不可比較者 242

第三部：……但，人是萬物的量尺

　10. 更多悖論 260
　11. 夠好即可 282
　12. 沉沒成本、賭徒謬誤等差錯 298
　13. 出錯、不理性，或就是蠢？ 328

注釋 342

參考文獻 354

目
錄

前言

　　西元前一世紀有兩種猶太思潮當道，領銜者分別是希列
（Hillel）及沙買（Shammai）兩大拉比（rabbi）。據猶太經
典《塔木德》（*Talmud*），後者嚴厲、易怒且缺乏耐性，希
列則個性溫和、善於調解。某天，一位陌生人來到沙買面前
想改信猶太教，他形色匆忙如此要求：「在我能單腳站立的
時間內，傳授我全部的《妥拉》（*Torah*）【譯注：猶太律法書】，讓
我成為猶太教徒吧。」好大的膽子！八字還沒一撇，竟已這
般放肆！震怒的沙買掄起手杖一陣好打，將此人逐出門外。
這個陌生人毫不氣餒，來找希列試試運氣。面對這個挑戰，
希列泰然自若。在那無禮的未來猶太信徒單腳站立時，這位
拉比說道：「己所不欲，勿施於人。這就是整個《妥拉》，
其餘都是註解。現在你可以離開，好好去研讀吧。」

　　我講這則故事做什麼？因為經濟學其實很類似：**我們總**

想得到更多，但擁有愈多，就愈沒那麼看重額外增加的部份。這就是整個經濟學，其餘都是註解。現在你可以離開，好好去用功吧。

·經濟學的演變·

幾乎不管什麼東西，大家總想得到更多，但得到更多時慾望也逐漸減低；古希臘人早已觀察到這個事實。許久之後，十八世紀時，在俄國聖彼得堡教書的數學家丹尼爾·白努利（Daniel Bernoulli）以此來解答堂哥尼可拉斯（Nikolaus Bernoulli）提出的一則賭博問題。他與同儕數學家加布里爾·克拉瑪（Gabriel Cramer）——各自獨立成事——想出的聰明解答，正是根據上述事實：**財富效用（也就是財富帶來的樂趣）會隨著財富增加而遞減**。畢竟，額外增加的一塊錢，對街頭乞丐的效用要比百萬富翁大的多。

對這些數學家來說，聖彼得堡悖論（St. Petersburg Paradox）不過就是討論博弈的有趣問題；他們並未將這數學難題扯上經濟學。實際上，十八世紀時的經濟學幾乎都是偶然觀察後發表的論述。拿亞當·史密斯這位奠定古典經濟學

基礎的大師來說，他就是以製針工廠的工作為例，推導出分工與規模經濟的概念。早期的經濟學者確實也提經濟模型，但除了一些運算說明與舉例，主要是靠文字建立論述：描繪觀察到的現象、詳述軼事趣聞、闡明結論。

因此，和物理、醫學、化學等領域相比，當時大家並不認為經濟學是門嚴謹的科學學科，不用認真看待——至少在數學進入這門領域之前。唯有用數學模型解釋如何將財富、利潤或金錢效用最大化之後，這門學問才得以並列為嚴肅的學科。要等到十九世紀，新古典經濟學者開始用上數學方法與工具時，才有這樣的演變。（阿佛烈・諾貝爾〔Alfred Nobel〕1895 年設置諾貝爾獎時，當中並沒有經濟學。）

這就要再說到白努利家族。除了解決聖彼得堡悖論，丹尼爾・白努利和他那傑出科學家族中的幾位成員，更是率先應用微積分的先驅；這門由牛頓與萊布尼茲（Gottfried Wilhelm Leibniz）發展出來的數學技巧，最初是要研究物體（如：行星及運動物體的軌道）的連續變化。十九世紀末，三位各自發展的經濟學者——英國的史丹利・傑文斯（Stanley Jevons）、瑞士的里昂・瓦拉斯（Leon Walras）、奧地利的卡爾・孟格爾（Carl Menger）——開始把微積分用在經濟學上，展開此門學科的數理化，從而開啟經濟學的豐盛年華。但這

些數學工具日趨複雜，最終，經濟領域的研究幾乎與數學研究沒什麼分別，經濟學簡直要成為純數學的一個分支。

這樣的光景到二十世紀末，又隨著行為經濟學（behavioral economics）的形成而發生變化。大約 1970 年代後，這個領域採用相當行為取向的手法；於是在過去半個世紀左右，探討一般人的實際作為成了經濟學的目標，而且相較於數學，心理學成為經濟學更重要的依靠。（換言之：1968 年諾貝爾經濟學獎剛設立的十幾年來，獎項全部頒發給數學理論；反觀近期，頒給非數學模型蔚為風潮。）

·本書概覽·

這本書談人怎麼做**決策**。決策如果不是經濟學最重要的根本，也是極為重要的基石；因此，本書算是透過一種嶄新的視角探看經濟學思想史。

本書分為三部曲。第一部奠定討論基礎，介紹十八世紀、十九世紀初的思想家及其財富效用理論。第二部呈現隨後登場的人物以及他們提出的理論、模型，時間主要橫跨十九世紀末到二十世紀初。這些理論家提出的模型主要用來指引理

性的行為人**如何做出最佳決策**（也就是規範經濟學〔normative economics〕）。在此，數學及公理系統（axiomatic system）不可或缺。第三部涵蓋二十世紀後期迄今的發展及代表人物，討論一般人**實際怎麼行事**（也就是實證經濟學〔positive economics〕）。實際觀之，人並不理性。美麗的數理模型受到冷落，心理學才是王道。

此書不在闡述經濟學已過度偏向數學，反作用力正方興未艾。恰恰相反──數學確實是，也必須是，規範經濟學的根基，因為規範經濟學要談的是**應當**如何決策。而且行為模型（behavioral model）其實也須仰賴數學。

話說回來，在談人實際怎麼決策時，數學的地位確實不比以往。根據諾貝爾經濟學獎近期得主理查・塞勒（Richard Thaler）等名家的主張，正是決策者有限的計算能力以及對規範模型的無知，使人顯得「不理性」。

・致謝・

我要感謝安娜－瑪麗亞・西蒙（Anna-Maria Sigmund）幫忙謄寫奧斯卡・摩根斯坦（Oskar Morgenstern）難以辨

識的手寫書信。也要感謝哥倫比亞大學出版社（Columbia University Press）的邁爾斯・湯普森（Myles Thompson）給我的鼓勵。同樣來自哥大出版社的布萊恩・史密斯（Brian Smith）以及勝威出版（Cenveo）的班・柯斯達（Ben Kolstad），感謝二位編輯上的費神。特別向紐約市的伯格里亞斯科基金會（Bogliasco Foundation）致謝：感謝基金會於義大利地中海港口城熱那亞（Genova）提供一處別緻的住所，讓我得以徹底放鬆、整理思緒，全神貫注於書寫。

照往例，我也要感謝妻子佛契妮（Fortunée），她總說自己數學不行，但往往都算對⋯⋯誤差範圍正負十個百分點。人生有妳才精彩！

● ○

我希望此書不僅寓教於樂，且能讓讀者意識到自身的偏見，包括來自認知與各方面的偏見⋯⋯**就是這一切，讓我們成為人。**

第一部

幸福與財富效用

第一章

一切始於一則悖論

·寫著數學謎題的信·

　　1713 年 9 月 9 日，瑞士數學家尼可拉斯·白努利坐在桌前提筆寫信給法國一位熟人：皮耶·黑蒙·德·孟摩爾（Pierre Rémond de Montmort）。信中的一道問題──以純粹的數學謎題呈現──將推導出一個和**人類決策行為**有關、極為重要的概念，從而推動經濟學成為一門科學。

　　定居於瑞士巴塞爾（Basel）、遠近馳名的白努利家族，三代以來至少出了八位最家喻戶曉的科學家。尼可拉斯註定也有相同的成就。他的伯父與叔叔：約翰（Johann）、雅各（Jakob），還有他的堂弟：尼可拉斯二世、約翰二世、丹尼爾（圖 1.1），以及他的姪子：雅各二世、丹尼爾二世、約翰三世，對十七、八世紀物理學與數學的發展都做出關鍵貢獻，

尤其是在微分學領域方面。唯有劍橋的牛頓、漢諾威的萊布尼茲，以及同樣出身巴塞爾、身為白努利家族知交與門徒的瑞士數學家歐拉（Leonhard Euler）能和這個家族的顯赫成就相提並論。

由於大學沒有足夠的職位，白努利家這些人只能到各領域發揮天賦。以尼可拉斯來說，他就將機率論應用到法律實務的問題上，寫成論文，拿到巴塞爾大學的法律博士（doctor juris）。他這份名為《論以推測技巧解決法律問題》（*De Usu Artis Conjectandi in Jure*）的論文，不僅處理年金、遺產、彩券、保險、證人可信度等的繁複統計，還探討更複雜的問題，像是：若有人失蹤，考慮到預期壽命，何時才能認定死亡。這本論文專書最後那句評論特別值得留意：「法律顧問（甚至）連山羊的羊毛都有得吵。」儘管寫下──或可能正是因為──這樣尖銳的洞見，他於 1731 年被指派為法律教授。很遺憾，這個家族歷史不乏衝突。激烈的競爭、極端的敵對、瑣碎的排名紛爭，不時出現在兄弟甚至父子間。[1]

圖 1.1：丹尼爾・白努利

來源：維基共享資源（Wikimedia Commons）

　　　　　　　　　　　　　　　　　　　　　經濟學的決策思想

尼可拉斯給孟摩爾的信以致歉展開，訴說自己何以未能更早提筆：「針對機率這個主題，我好一段時間沒有任何新的研究，因此沒什麼能向您報告。只要我一有空，便會設法解決您的問題。為求彌補，我想另外提出一些值得您費神之事。」[2] 接著他端出五個和贏得骰子遊戲相關的機率問題，最後兩題和我們接著要說的內容相關：

- 問題 4：A 答應 B，如果自己第一次丟出六點就給對方一個銅板，第二次六點兩個銅板，第三次六點三個銅板，以此類推。問題來了：「B 的期望值為何？」
- 問題 5：同樣的問題，只是這次 A 不是如前給 B 一、二、三、四……個銅板，而是提供金額：1、2、4、8、16……或 1、3、9、27……或 1、8、27、64……元。

「雖說這些問題多半不難，您仍可從中發現極有意思之處，」尼可拉斯寫道，隨即以當時流行的花言巧語作結：「先生，極其榮幸能與您維繫著堅實的情誼。您卑微順從的僕人 N. 白努利。」[3]

· 期望值的概念 ·

在問題 4 及 5 提出「B 的期望值為何？」（quelle est l'espérance de B?），尼可拉斯指的是數學上的期望值——在當時還很新的概念。期望值首度出現不過是六十年前左右的事，大約十七世紀中葉，由兩位業餘數學家（不過是最頂尖的業餘）所創：巴黎的小說家布萊茲·帕斯卡（Blaise Pascal），與南法土魯斯（Toulouse）的法官皮耶·德·費馬（Pierre de Fermat）。[4] 促成兩人書信往來的是聲名狼藉的賭徒安湍·貢博（Antoine Gombaud），自稱「梅黑騎士」（Chevalier de Méré）。這位冒牌騎士想知道，若兩名玩家在玩靠運氣的賭博遊戲，彼此都未拿下充分點數之下被叫停，原本贏家能獲得的賭金該怎麼分。舉例來說，假設帕斯卡與費馬玩五局牌，拿下三局者抱走那桶金。三局後，帕斯卡兩點、費馬一點，而此時兩人都醉到無法繼續。牌局中止，問題浮現：這桶金怎麼分？兩人各半，因為彼此都有贏的機會？三二分，根據目前牌勢？還是二比一，眼看帕斯卡只需再贏一局而費馬需要兩局？

正確答案是「**以上皆非**」。但這非常不容易看出來，尤其在這問題首度提出的 1650 年代。在隨後展開的密集書信往

                        經濟學的決策思想

來中，帕斯卡與費馬絞盡腦汁，終於找到正確解答。說到底，要預測未來，還得考量沒玩的賭局可能是什麼結果，這可是之前從沒考慮過的事。

你得考慮以下種種可能性：

- 如果賭盤繼續，帕斯卡拿下第四局，就取得必要的第三點，抱走那桶金。（可能狀況 A）
- 若是費馬贏，雙方平手，必須進入第五局。若帕斯卡取勝，便得到第三點，贏得獎金。（可能狀況 B）
- 然而，萬一帕斯卡輸，則由費馬取得必須的三點抱走金桶。（可能狀況 C）

看來似乎帕斯卡取勝的機會是三分之二（狀況 A 與 B），費馬贏的機會是三分之一（狀況 C）。那桶金就該這樣分配，對吧？喔，不是的！事實讓人難以捉摸，帕斯卡與費馬起先看不透的是，可能狀況不僅有三種（A、B、C），還有第四種。由於賽事訂為五局，就算帕斯卡拿下第四局，嚴格說來比賽還沒結束，第五局怎樣都該繼續。也許是帕斯卡贏（可能狀況 A1）或費馬贏（可能狀況 A2），此時都歸帕斯卡獲勝，於是他有三個取勝的機會（A1、A2、B），費馬只有一個（C），

意味 75% 的獎金應歸帕斯卡，25% 歸費馬。重點是，要決定帕斯卡與費馬的獲勝機會，**必須考慮所有可能的結果**，即便因為帕斯卡已拿到所需的第三點而毋須進行的那局也要納入考量。

這個觀念真是石破天驚。史上第一回有人把未來事件的可能結果納入考量，並計算這些可能結果發生的機會。這是機率論的曙光。

帕斯卡與費馬書信往來得到的結論是，不管賭局何時被中斷，獎金分配應根據當下兩位玩家的**期望值**而定。假設金桶裡有 100 枚金幣，我們方才見到第三局打完，四、五局沒打，帕斯卡應拿到 75 枚，費馬 25 枚。這數字代表他們有望贏得的金額，儘管實際上，若比賽持續到底，有一人可拿走 100 枚而另一人什麼也沒有。若比賽進行很多次，每當比分來到二比一時，就有人沉思半晌，再繼續下去，拿到兩點那人平均會贏得 75 枚金幣，另一人 25 枚。大致而言，這樣每一局的數學期望值會是：贏家獎金（100 枚金幣）乘上取勝機率（75%）。[5]

尼可拉斯信裡提到的「希望」（l'espérance），指的就是這個概念。假設你參加一個賭局，有 20% 的機會贏得 100 元，除此外什麼都沒有；若比賽不斷持續，八成的情況下你什麼

都得不到，剩下兩成可得 100 元，所以**平均來說**，你拿到 20 元（也就是 100 元的 20%）。期望值就是這個意思：在賭局實際進行前，每次你有望贏得的報酬……儘管現實中，十次有八次你會落得兩手空空。

・孟摩爾的答覆・

好──再回到尼可拉斯・白努利的信。收信的孟摩爾本身也是位數學家，聲望即便沒有白努利家族那般崇隆，也相當卓著。五年前，他出版了一本頗受稱譽的書《論博弈遊戲分析》（*Essay d'analyse sur les jeux de hazard*），探討紙牌跟骰子遊戲當中的組合問題。當時，同代人大多認為預測未來賭局的結果是件荒唐的事、覺得估算未來事件乃巫術星象學之流；在這樣的時代氛圍下，孟摩爾的著作可說是先行者。那時，什麼叫「會發生某事的機會」甚至尚未被定義──所以，聲稱未來事件發生的機率（這個嶄新、充滿爭議的概念）可用數學工具準確計算出來，若非大逆不道，至少也不合正統。在這樣的背景下，孟摩爾的《論博弈遊戲分析》成為機率論最早的著述之一。

孟摩爾完全知道尼可拉斯所謂的期望值是什麼意思，兩個月後的 1713 年 11 月 15 日，他來了答覆：「你那五個問題的最後兩個完全沒有難度。分子為二次方、三次方等的數列，分母為等比數列，只需求出這個級數之和，就解決了。你已故的叔父便推導出了求這類級數之和的解法。」這封信長達十頁，結尾之繁複多禮絲毫不下於白努利，只不過這位嘲諷成性的貴族決定開點玩笑：「有些作者總不肯結束，始終滔滔不絕深信一己所言價值斐然，實則棄之全不足惜。為免落此窠臼，此信最後我要向您保證，先生，我對您懷抱最高敬意，並盡心盡力成為您最卑微順從的僕人。R. D. M.」

這位最謙卑順從的僕人實在該花點時間去計算，而非那麼漫不經心地跳過這些問題。「如您所言，我最後兩個問題完全沒有難度，」尼可拉斯於 1714 年 2 月 20 日覆信，略帶責備地繼續寫道，「然而您若曾費心求解，就應該有機會看出其中的玄妙。」他接著呈現的東西，會讓數學家讚嘆不已。把扔骰子改成丟銅板，我要來展現什麼是白努利眼中的玄妙。

　　　　　　　　　　　　　　　　　　　　　　經濟學的決策思想

·獎金的期望值是無限大？·

這麼說吧，彼得告訴保羅：如果他第 1 次拋出人頭（正面），可得 1 美元；若第 1 次拋出反面，第 2 次拋才是人頭，得 2 美元；若前兩次都反面，第 3 次才是人頭，得 4 美元；若連三次丟出反面，接著才來人頭，得 8 美元。以此類推。換言之，沒連續丟出人頭，獎金加倍。那賭局的期望值為何？

如同帕斯卡與費馬證明的，期望值計算如下：第 1 次丟出人頭的機會是二分之一；第 1 次丟出反面、第 2 次才丟出人頭的機率是四分之一；連續兩次反面、第 3 次才丟出人頭的機率，八分之一。以此類推。假設連續丟出 10 次反面，第 11 次才扔出人頭，獎金將是很不賴的 1024 美元。然而，這種情況——10 次反面，接著人頭——發生的機率非常低，平均而言，要丟 2048 次才會出現一次。

獎金期望值等於個別獎金（1、2、4、8、16…）乘上機率（$\frac{1}{2}$、$\frac{1}{4}$、$\frac{1}{8}$、$\frac{1}{16}$、$\frac{1}{32}$…），得出：

$$
\begin{aligned}
\text{獎金期望值} &= (1 \times \tfrac{1}{2}) + (2 \times \tfrac{1}{4}) + (4 \times \tfrac{1}{8}) + \\
&\quad (8 \times \tfrac{1}{16}) + (16 \times \tfrac{1}{32}) + ... + \\
&\quad (1024 \times \tfrac{1}{2048}) + ... \\
&= \tfrac{1}{2} + \tfrac{1}{2} + \tfrac{1}{2} + \tfrac{1}{2} + \tfrac{1}{2} + ... + \tfrac{1}{2} + ...
\end{aligned}
$$

哇！這個級數永無盡頭——即便微乎其微，仍有機會先丟出許許多多的反面才出現第一個人頭——那就必須加總無限多的 $1/2$，而期望獎金——看哪！——將是**無限大**。

這可真玄了，非常、非常之玄。接下挑戰的保羅，有可能期望贏得無限多的獎金嗎？孟摩爾報以懷疑。「我不認為，有人依 1、2、4、8、16、32 等序列給他一些銅板，保羅就面臨無限大的好處。」這帶出了一個問題：保羅**願意付多少錢來玩這個遊戲？**照常理判斷，你會說只要低於期望值，誰都肯來賭一把。如果期望贏得的獎金是 20 美元，賭徒應該肯付個 19.50 美元吧，比方說。但如果期望值是無限大呢？保羅會付一筆天價來賭嗎？或 10 萬美元？或 1 萬美元？讀者閣下，就算只要 100 美元，你願意掏出來嗎？

答案幾乎是否定的，大家只肯花幾塊錢下賭，但尼可拉斯的證據卻無可置疑：期望值大至無限。那麼照理說，所有人應該都願意以龐大賭注入場，並仍期待一夜致富。每個人應該都願意……但沒人會這麼做。我們碰到了**悖論**。

孟摩爾深感好奇，打算深入思索，卻很快發現自己找不出什麼值得發表之處：「展開如此龐大的研究我暫且力有未逮，得等待適當時機。」兩年過後，儘管尼可拉斯聲聲催促，仍未見成果。「請您再多給一些時間，我實在心思散漫又懶

經濟學的決策思想

惰，」孟摩爾答覆。「一些時間」成了長長久久，數週變成數月，數月演變成數年。這道題目要到十年後才再度被檢視……由另外一個人。

・克拉瑪的解答・

此人是一位 24 歲的數學家，名叫克拉瑪（圖 1.2）。出身日內瓦的他可視為白努利家族的同胞，同為瑞士人，只不過日內瓦共和國（Republic of Geneva）要在下個世紀才成為瑞士的一部份。

1713 年，孟摩爾出版了《論博弈遊戲分析》的第二版，書名添了副標題「修訂及略作增添」（revue et augmenté de plusieurs lettres）。裡面附上他與尼可拉斯・白努利往來的書信。勤奮啃讀坊間所有機率相關著作的克拉瑪，熟知尼可拉斯之問，並就這個悖論提出了睿智的解釋。1728 年 5 月 21 日，他從倫敦寄信給尼可拉斯，寫道：「就您向孟摩爾先生提出的那道問題，我相信我已找出解答。」

他仍稍有疑慮，說明之前語帶保留：「我不知道是否蒙蔽了自己。」很顯然，他寫道，這場賭局沒人會以無限大的

金額下注，「正常人（連）20 個銅板都不願意。」克拉瑪認為會產生這種矛盾，在於數學計算與他所謂的「庶民評估」（vulgar estimate）之間必定有所差異。評估要多少賭注，**數學家看的是數量，正常人看的是效用**。

這項洞見影響深遠，也令人十分詫異。克拉瑪（畢竟他是個數學家）怎麼能說，數字不等同於數字本身所代表的意義？就像詩人葛楚・史坦（Gertrude Stein）所寫，「玫瑰長於何處皆玫瑰」（A rose is a rose is a rose），這句詩在在闡明了萬物即其本身。怎麼忽然間，金幣不再是金幣？這就是克拉瑪的主張，真是驚天動地的一大步。時間將證明，這個概念至關重要，本書也即將說明，這個概念正是**一切經濟行為的基礎**。

克拉瑪如此闡述他的論點：金額只要大於兩千萬，對正常人就不再增加效用；所以說，兩千萬零一元不比兩千萬元更有價值。這某個程度確實符合日常體驗。你在百萬富翁的帳戶裡多放一元，不會讓他更開心；就像人吃下十幾塊餅乾後，多一塊都不再美味，即便此人是個貪吃鬼。同樣的一塊錢，在窮人跟富人眼中並不相同。

若同意克拉瑪對一般人看待金錢的主張，尼可拉斯當初那個難題便迎刃而解。且來細看其解。為簡化算式，克拉瑪

圖 1.2：加布里爾・克拉瑪

來源：維基共享資源

假設一切大於 2^{24} 的數字已非常接近兩千萬，都不再能給人增添任何效用。那就好像獎金將停在這裡。那麼計算如下：

最高賭注 = 獎金期望值

$$= (1 \times {}^1\!/_2) + (2 \times {}^1\!/_4) + (4 \times {}^1\!/_8) + ...$$
$$+ (2^{24})/(2^{25}) + (2^{24})/(2^{26}) + (2^{24})/(2^{27}) ...$$
$$= (24 \times {}^1\!/_2) + ({}^1\!/_2 + {}^1\!/_4 + {}^1\!/_8 + ...)$$

${}^1\!/_2 + {}^1\!/_4 + {}^1\!/_8 + ...=1$，期望贏得的金額便等於 12+1=13，克拉瑪認為這就是一般人願意——頂多——下的賭注。比起單純計算得出的無限大，這個數字合理多了。雖說 13 元可能還是略嫌高了點，但總是稍稍符合大家肯掏錢的實際狀況。所以說，克拉瑪的方向正確。但他很快就發現這項推理有個瑕疵。若說兩千萬以上的金額——無論多少——無法再帶來額外的喜悅，那絕非實情。就連百萬富翁也會說，多進帳一億元比多十元令人開心。於是克拉瑪體認到，無論對象是貧是富，額外增加的一元不可能全無效用。他的理論需要大調整。

他很快就找到了辦法。額外一元的效用雖少於之前的一元，卻**並非全無效用**。換言之，額外一元的效用應大於零，只是**隨著財富增加而遞減**。因此，克拉瑪建議以財富的平方

根來說明財富效用。他這項建議聰明之處在於，若檢視**平方根函數**，可發現那是條彎向 X 軸的曲線；曲線不斷往上增加，但增加的比率一直下降。這正是克拉瑪要找的。1 的平方根是 1，2 的平方根是 1.4142⋯⋯，第二塊錢的價值約等於 41 分錢，第一千萬零一元的價值，約等於第一元效用的 0.016%。玫瑰仍是玫瑰，再多的玫瑰會是⋯⋯某朵玫瑰的平方根。

有了這個想法，克拉瑪重新算出大家肯下注的金額：[6]

最高賭注 = 獎金期望值
$$= \tfrac{1}{2} \times \sqrt{1} + \tfrac{1}{4} \times \sqrt{2} + \tfrac{1}{8} \times \sqrt{4} + \ldots$$
$$= 2.91\ldots$$

也許 13 元高出某人下注的門檻，少於 3 元也許太低。因此，端看個人偏好，克拉瑪數值可能不同，但這個原則絕對正確。之後經證明，這個概念就是經濟行為追求的終極目標；而這位日內瓦的數學家此時已經想到了。

·尼可拉斯的反駁·

尼可拉斯·白努利略帶興味地讀信，卻也僅止於此。他沒有大加讚賞這番洞見，反而並不是很認同：「您的回覆……如您所言，足以說明 A 不可能拿出無限金額給 B，但那並不足以證明，造成數學期望值與一般評估之間有所差異的真正原因是什麼。」怎麼會！澄清 A 不可能拿出無限大金額給 B，正是這封回函的重點呀。所以說，這樣貶低克拉瑪的解說實在有欠公允。至於「真正原因」，克拉瑪的答案為什麼不算數？尼可拉斯即將提出的理由，為什麼會比較高明？

其實克拉瑪的想法似乎啟發了尼可拉斯，也因此讓尼可拉斯輕率的反應更顯得不公允。尼可拉斯認為，會有此悖論，並非超過某筆鉅額獎金的金額帶來的效用近乎零，而是**下注者會忽視極低的機率**。即便獎金極為龐大，若賭贏機率微小，大家將置之不理。於是，他將 $1/32$ 之後的機率都設為零：[7]

最高賭注 = 獎金期望值

$$= (1/2 \times 1) + (1/4 \times 2) + (1/8 \times 4) + (1/16 \times 8) + (1/32 \times 16) + (0 \times 32) + (0 \times 64)...$$

$$= 2.5$$

經濟學的決策思想

一言以蔽之，根據尼可拉斯的講法，下注者認為連續至少 5 次出現反面然後才正面（反反反反反正……）的狀況太過罕見，根本不覺得這件事會發生。兩位男士說法的差別在於，克拉瑪假定下注者是把 2^{24} 以上的效用設為零，尼可拉斯則主張小於 $\frac{1}{32}$ 的機率都是零。

　　後者為何優於前者？尼可拉斯沒有進一步捍衛立場，說明不太認同克拉瑪解釋的理由，而是輕巧帶過。「這一點或許有待釐清，但我實在沒空整理或演繹我那些想法，遂決定靜默以對。」還記得孟摩爾曾慨嘆，有些人總有那麼多在他人眼中毫無意義的話要說？這回，我們只能深感遺憾，尼可拉斯沒多用一、兩百個字來解釋，他為何那般傲慢地漠視他年輕同行的解釋。他可能沒有發現，不然就是無法承認，克拉瑪已經找出一個非常深刻的思想。

　　當時身在荷蘭萊頓（Leiden）的克拉瑪，回信的語調謙遜自省：「我並未假裝自己猜透是什麼阻止大家投下無限大的賭注，而只是希望能找出會阻止我無限下注的原因。」他捍衛自己的思考途徑，主張說，仔細想，比起決定何時該忽略賭贏的機率，找出獎金效用接近零的門檻更容易一些。就學術紛爭而言，如果尼可拉斯能以更尊重人的態度回應，克拉瑪的論述完全不下於他。

尼可拉斯明白自己無法說服克拉瑪，便決定攜手家族另一名天才丹尼爾·白努利來處理。他寫信給小他 13 歲的堂弟，在信裡描述了這道難題，提到日內瓦的克拉瑪教授有提出解答，但他沒多加著墨，只表示希望聽聽丹尼爾的意見。丹尼爾接下挑戰，與父親約翰（Johann）討論起來。不到三個禮拜，他確認這是一個悖論；而與堂哥一樣，他相信要破解這個悖論，在於成功連拋二、三十次的機率微乎其微。

·丹尼爾的解答·

而隨著時間過去，丹尼爾對自己的解釋開始感到不滿。在一封已經佚失的信中，他提出另一個有意思的見解。根據尼可拉斯不悅的答覆，我們可以推測出，丹尼爾已向克拉瑪的觀點靠攏：最後必須付錢給賭徒 A 的賭徒 B，在連續 25 次拋擲後才出現第一個正面的情況下，恐怕無力支付一千七百萬個金幣給 A；於是在 A 眼中，超出 2^{24} 的獎金價值等於零，反正他拿不到那筆錢，對手付不出來。

尼可拉斯予以駁斥，就像他對克拉瑪一樣。將近一年，丹尼爾沒有回應。終於在 1731 年 1 月，一封信躺在尼可拉斯

桌上。丹尼爾堅持，另一名賭徒**無力支付鉅額獎金**是解開這項悖論的鑰匙。「你若不認為先了解對方的**支付能力**是必要條件，我便再無可說，」然而他還是繼續下去，「一個人不會想對上一個〔願〕無限下注的玩家，〔即便〕那機率〔只是〕微乎其微。」

這回輪到尼可拉斯沉默數月。心思不寧之下，丹尼爾將想法落實於文字，命名為〈評估財務結果新論〉（Specimen theoriae novae metiendi sortem pecunariam）。由於他和同樣來自巴塞爾的博學好友歐拉一同在俄國聖彼得堡教書，丹尼爾就在當地科學院的一次會議中發表了這篇文章。然後，1731 年 7 月 4 日，他把手稿寄去給尼可拉斯。

這位堂哥再度心煩意亂。「真是高明，」他語帶不屑，隨即表示自己持保留態度：「容我說，那並未解開這道難題。」繼而冗長複雜地爭辯他為何這麼認為，全然無視克拉瑪與丹尼爾都觀察到的重點。這兩人都試圖說服尼可拉斯，那額外增加的金幣帶來的效用比較少，表示「贏時彩金帶來的歡愉或利益，不等於輸時得承受的悲哀或不利」。以現代用語來講就是，**贏 10 美元的開心，比不上輸 10 美元的難過**。丹尼爾跟克拉瑪主張（而尼可拉斯駁斥）的論點，正是衍生一切經濟行為的根本原則。可惜呀，尼可拉斯依舊冥頑不靈。

不過，玩家可能還不出錢，這個論點再度引起尼可拉斯的共鳴，也讓他改變了研究主題，從丟銅板轉變為**金融投資**。他建議找幾個人來分錢，要比只應付某個人的償債能力妥當。「一個人在兩處各賭五百個金幣，會比在一處押一千個好，因為前者不至於那麼輕易輸掉一千個金幣。」尼可拉斯解釋，假設每個債務人有 10% 的違約機率，則把所有錢押在單一債務人身上時，就有 10% 的機率輸掉一切；若改押兩名債務人，輸掉一切的機會將只有 1%。[8] 為了強化論點，他引用了顯然在十八世紀就於巴塞爾流行的俗諺：「**別將全部的雞蛋擺在同一個籃子裡。**」就這樣，儘管他擯棄了一項將成為經濟理論基礎的要件，他同時形塑了將成為金融理論基礎的另一個要件。

　　丹尼爾寄給尼可拉斯的手稿只是草稿，之後七年中，他強化論點、潤飾內容，生出更新的版本。當他自認滿意，足以展現給科學界，便將十八頁論文投稿到聖彼得堡皇家科學院院刊。這篇論文在 1738 年問世，以拉丁文寫成，名為〈風險評估新論〉（Specimen theoriae novae de mensura sortis），至今仍被視為經濟學頂尖論文之一——也因此在兩個多世紀後的 1954 年，著名學術期刊《計量經濟學》（Econometrica）刊出這篇廣為引用，卻甚少被讀的論文的英譯版。

·丹尼爾的〈風險評估新論〉·

從一開始，在他論文的第一節，丹尼爾便不同意以下這項共識：一場賭博的期望值，等於其中各個事件的獎金乘以各個事件發生的機率，再全部加總。如果真是如此，他寫道，一切好辦：每個人都將按照期望值，下注來賭。這名下注者的個別狀況——貧或富、樂觀或悲觀、開心或難過——都不相干；數學將主導決策過程，眾人都將同意何謂正確選擇。我們將「〔僅〕需研究，毋須判斷」。[9]

然而，事實顯然並非如此。丹尼爾以彩券說明：假設你可以贏得兩萬個金幣或全部落空，機率相同。他繼續闡釋，面對這種情形，窮人跟富人會做出不一樣的決定。即便數學上的期望值是一萬，丹尼爾認為，窮人也會願意以九千個金幣出售手中的彩券。另一方面，富人則很樂意用九千個金幣為代價買下彩券。「顯然，**不是每個人都拿同樣的標準來評估博弈。因此，我們必須捨棄第一段提到的準則。**」這番洞察直接導出他的重點，也就是「一樣**物品的價值絕非取決於物品的價格，而是效用。**價格僅由物品本身決定，對每個人都一樣；〔然而，〕效用則視判斷者**所處的情境**而定」。[10]為了確保讀者都能理解，丹尼爾再次強調那個顯而易見的事

實：「同樣拿到一千個金幣，對窮人的意義，要比對富人的意義大上許多。」

於是乎，論文首節提出的概念須加以更正。丹尼爾表示，不應該是一場賭局中**各個事件的獎金**乘上**各個事件發生的機率**，而是應該以**每個獎金的效用值**乘上**各個事件發生的機率**。如此一來，得出一個平均效用（mean utility）【編按：前述乘積再除以所有事件的數量，得出此平均】，再將這個數值轉換回對應的金錢價值。這便是此人眼中的彩券價值。

現在的問題是，人如何決定財富效用。丹尼爾提出了合理的建議：「一筆財富中，任何微小的增加所帶來的效用，將與既有的財產量成反比。」[11] 擁有愈多，額外獲得的財富具備的效用愈低。當然會有例外，丹尼爾承認，但這原則十分牢靠。

對喜愛數學的人，這兒離題聊一下。根據丹尼爾的主張，當一人持有財富 W，這筆財富的效用為 $U(W)$，如果將獲得一小筆錢財 dW，則這筆額外錢財的效用 $dU(W)$ 為：

　　　　　　　　　　　　　　　　　　經濟學的決策思想

$dU(W) = c \; dW/W$，

其中 c 是取決於個人的參數，於是

$dU(W)/dW = c/W$，

積分計算後可得出

$U(W) = c \; Logarithm(W) + constant$，logarithm 為對數、constant 為常數。

　　因此，若同意丹尼爾的主張，財富效用將遵循**對數函數**。這項建議頗為合理：這個函數不斷上升，就像我們預期財富效用值的狀況一般，而每多一個金幣帶來的效用值又總是比前一個金幣的效用值來得低。但要這樣就接受丹尼爾的推論並不容易，因為他並未證明，額外增添的效用確實與既有財富成反比。話雖如此，對數函數仍優於克拉瑪的平方根效用函數，後者除了形狀之外一無可取之處。最起碼，對數不僅方便省事，並具備頗為合理（但未經證實）的基礎……此外還相當漂亮。

・平波度先生的選擇・

我們再舉一例加以說明。這個例子跟丹尼爾在論文裡提的稍有差異，因為沒那麼複雜。平波度先生有 1000 枚金幣想拿來投資，有個提案說保證帶來一倍或兩倍的收益，兩者機率一樣。如果接受這項投資——誰不會呢？——他最終將持有 2000 或 3000 枚金幣。數學上來說，預期獲利等於 1500 枚金幣（1000 × 50% + 2000 × 50%）。意味著，如果平波度先生夠理性，他將樂於以 1500 枚金幣為代價讓出投資權。

我們來看看丹尼爾會如何分析這個狀況。依據他的主張，需要考慮的變因不在於此人最終持有金幣的價值，而在這些總量代表的效用（亦即這些金幣價值的對數）。基於 2000 枚金幣的對數為 7.6，3000 枚金幣的對數為 8.0，平波度先生最終財富水位的期望效用（expected utility）等於 7.8（7.6 × 50% + 8.0 × 50%）。多少財富能給他此等效用值呢？答案是 2440 枚金幣，因為 2440 的對數為 7.8。[12]

所以說，平波度先生只要在既有的 1000 枚金幣外得到 1440 枚金幣，就跟加入這筆投資案一樣開心。但 1440 少於 1500，後者是一個理性的人會願意接受的金額。這是怎麼回事？尼可拉斯說，這位精明的平波度先生評估效用時，會認

為拿到**萬無一失**的 1440 枚金幣，比起承受不知能贏得 1000 或 2000 枚金幣的**不確定風險**來得好。他願以數學期望值是 60 枚金幣（1500 - 1440）的金額為代價，**拿到少一些，但肯定入袋**。於是廢話不多說，丹尼爾介紹了這個在三百年後仍影響我們，而且將永遠作為經濟行為基本概念的重要原則：**平波度討厭風險（風險趨避）**！他並不依照單調的數學期望值分析行事，但也不是一點都不理性。他的行為是根據完全合理的假設：當你已經十幾塊餅乾下肚，就算是大胃王，再多來一塊的效用也將會減低。

上述這項原則的重要性值得一再強調：更多一枚金幣帶給富人的效用不比窮人，這個事實牽涉到大家一般來說都傾向趨避風險。

為了那些對幾何比對數學更感興趣的讀者，我也和丹尼爾一樣，用圖表來說明平波度先生的例子，解釋丹尼爾的見解（圖 1.3）。水平橫軸稱為 $ 軸，表示金幣價值；垂直的縱軸為 U 軸，代表效用。曲線為對數函數，顯示平波度先生如何將金幣與效用互相轉換。曲線不斷上升又一路下彎（坡度減緩），意味著每多一塊金幣，帶來的效用比前一個來得低。不用說，這代表額外增加的同一筆金額，帶給富人（A）的效用會比窮人（B）低。

我們一步一步看。首先，我們在 $ 軸點出 2000 枚金幣的財富值（a），從效用曲線找出對應值（b），U 軸顯示為 7.6（c）。我們照樣在 $ 軸點出 3000 枚金幣（d），從效用曲線找出對應的（e），U 軸顯示效用為 8.0（f）。再從 U 軸找期望效用，落在 7.6 到 8.0 中間〔亦即 7.8（g）〕。（位於中間的原因在於機率為 50-50。若機率不同，則落點必須調整。）問題來了：效用值 7.8 對應的金幣值是多少？從效用函數找到 7.8 效用值（h），對應出 $ 軸上的 2440 財富值（i）。但這場賭局在數學上的貨幣期望值，落在 2000 到 3000 枚金幣中間〔亦即 2500 枚金幣（j）〕。大功告成。對平波度先生來說，2440 枚金幣這個肯定入袋的財富值帶來的效用，和加入提案賭運氣帶來的效用一模一樣。i 跟 j 之間的金額差，60 枚金幣，便是他為了避免賭運氣的代價。

現在我們能明確看出，多一枚金幣帶給富人的效用比窮人少，這個事實為什麼直接導出風險趨避。描繪財富效用的曲線呈向上趨勢，卻也同時朝下彎──學術上稱凹曲線，這代表此效用函數的擁有者都寧可放棄某程度的**溢酬／溢價**（premium）以避開風險。

我們從這張簡單的圖表獲得的成果斐然。丹尼爾提到兩點。第一點顯而易見：放棄一定的錢財好閃避風險，等於買

圖 1.3：財富效用

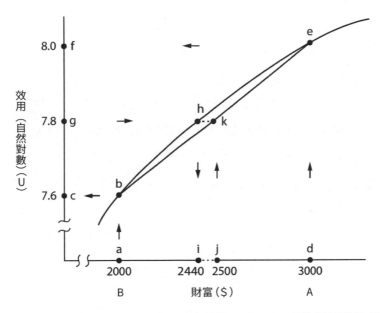

註：曲線（經過 b、h、e 點）為自然對數，而 b、k、e 所構成的純粹是直線。

保險對抗不確定性。事實上，保險業早在丹尼爾為這個行業的存在提供行事基礎之前，就行之有年、十分盛行了。西元前三世紀之遙的巴比倫商人，不用有人跟他們解釋何謂效用與對數，他們直覺用錢避開未知就對了。

　　而問題馬上來了：誰會想去賣保險呢？保險公司——由平波度先生這類風險趨避者經營——也不喜歡不確定性，那又怎麼願意承擔平波度先生試著閃避的風險？丹尼爾說，原因在於決策者之間的**財富差距**。保險公司比個人有錢許多，所以風險溢酬較低。假設保險公司擁有 10 萬枚金幣的資產，重複前述計算，來回轉換金幣與對數效用後，保險公司的風險溢酬大約只要 3 枚金幣。面對準備拿出 60 枚金幣的平波度先生，保險公司——也包括大財主們——就會找他提案。當然，更大的保險公司也願意拿這小公司的 3 枚金幣來承擔風險，因為大公司的溢酬更低。如此不斷……**再保險**（reinsurance）的業務由是而起。

　　丹尼爾在論文中提到的另一點，沒那麼關乎風險溢酬，而更涉及風險分散。如果某商人將全部商品由一艘船托運，而十艘船有一艘會沉，那他喪失所有財產的機會便有 10%。丹尼爾建議把貨物均分兩船，如此一來，兩艘皆沉沒，導致失去一切的機率將減低至 1%（兩條船都沉沒的機率是 10% ×

10%）。很遺憾，此外還有沉一艘船、喪失一半財務的可能性，發生機率為 18%（第一艘船平安通過的 90% 乘上第二艘船沉沒的 10%，加上第二艘船平安的 90% 乘上第一艘船沉沒的 10%）。運用這個現在已經為人熟知的效用計算，丹尼爾證明出，就效用而言，喪失所有財物的 1% 機會，加上損失一半的 18%，要比損失一切的 10% 可能還要好。完全就是「別把所有雞蛋放同一個籃子」的翻版，就如同他堂哥六年前的諄諄告誡。

保險公司願意承擔平波度先生這類人努力避開的風險，還有一個原因，丹尼爾沒有提到，那就是**大數法則**。一艘載著商人全部商品的船，不是安然抵港就是滅頂，但在船運公司有數十（甚至數百）艘船的情況下，比較能確定安然抵達相比於沉船的狀況。於是，所有商人願意付出的溢價，將彌補保險公司為那相對極小的剩餘風險扛起的代價。

丹尼爾在文末對堂哥的筆友克拉瑪致意。他寫道，他最高貴可敬的表哥尼可拉斯「告知我那遠近馳名的數學家克拉瑪，數年前便已就我這篇論文的主題提出一套理論。實際上，我發現他的理論與我的如此雷同，我們各自竟在這個題目上獲致這般相近的見解，誠可謂奇蹟」。[13] 接著，他將克拉瑪給尼可拉斯的書信逐字抄錄於後，後世遂能得見。

該是收尾的時候了。克拉瑪用平方根函數來描述財富效用，主要是出於方便。丹尼爾多那麼一點理論驗證，選擇以對數函數來將財富轉換為效用。但其實效用函數不必然非得是平方根或對數；**任何斜向上同時又偏向下的曲線都行**。我們會在之後的章節回到這點。

　　從尼可拉斯 1713 年的信函，到丹尼爾 1738 年的論文，當時最頂尖的數學家花上 25 年汲汲鑽研這個被稱為**聖彼德堡悖論**的難題。現在一切就緒。

● ○

　　現在我們知道財富效用持續增加，而增加的比率則持續遞減。後面兩章將深入探討這兩個現象。

第二章

愈多愈好……

·「人有權追求幸福」的思想來源·

我們認為這些真理不證自明：人人生而平等，被造物者
賦予若干不可剝奪的權利，包括生命權、自由權和追求
幸福的權利。

　　這段話出現在〈美國獨立宣言〉，1776 年 7 月 4 日於第
二次大陸會議（Second Continental Congress）簽署通過。我
們擱下生命權與自由權（liberty）等重要觀念，把焦點放在**追**
求幸福，因為那與本書主題密切相關。之後成為第三任美國
總統的湯瑪斯·傑佛遜（Thomas Jefferson）會斟酌出這些字句，
究竟是受英國哲學家洛克（John Locke）的影響，還是應該推
到更遠之前的古希臘時代，政治學者辯論不休。而根據傑佛

　　　　　　　　　　　　　　　　　　　　　　　經濟學的決策思想

遞寫給私人秘書薛爾特（William Short）的信，他顯然自認是西元前四世紀哲學家伊比鳩魯（Epicurus）的信徒。那就是我們探討的起點。

·阿里斯蒂帕斯的哲學·

為建構整體概念，我們得從伊比鳩魯的前輩說起：哲學家阿里斯蒂帕斯（Aristippus），這位蘇格拉底的門徒來自古希臘城市昔蘭尼（Cyrene），位於北非海岸，亦即今天的利比亞。他大約於西元前 435 年出生、356 年過世。關於他的生平，我們所知多來自第歐根尼·拉爾修（Diogenes Laertius）的著作，他為希臘哲學家做傳，身處的時代約晚阿里斯蒂帕斯及伊比鳩魯兩個世紀。

阿里斯蒂帕斯年輕時風聞蘇格拉底這位哲學家的智慧，深感佩服，便千里迢迢來到雅典就教於他。儒雅穩重的阿里斯蒂帕斯，據說渾身散發著沉著氣質和個人魅力。當他自覺學成，便自立門派，但卻——極其糟糕地——向學生收費。他捍衛這番學費制的理由是，蘇格拉底的門徒都會依其囑咐把他顧得妥妥貼貼，所以蘇格拉底當然可以免費講學。相對

地，他自己得支付日常生活可觀的費用，還得買下一奴隸操持家事。有一次，某學生的父親抱怨，以這樣的收費，他大可買下一名奴隸來教他兒子；阿里斯蒂帕斯（圖 2.1）一貫地泰然自若，答說：「請自便，那您就可得到兩名奴隸了。」

　　他教些什麼呢？阿里斯蒂帕斯哲學的基本教義相當親民。人人應當追求愉悅，他如此傳授學生；那是生命的目標。每個人的終極目標就是**追求愉悅、避開苦痛**，把**幸福**，也就是淨愉悅（全部愉悅減去全部苦痛）**極大化**。這番教義真是非常悠哉隨意。其他哲學家教導的都是些崇高的目標，諸如美德、正義、節制與學問都是取悅神的人生應具備的要件。阿里斯蒂帕斯完全不講這些。對他來說，**幸福快樂就是一切**。

　　如多數稱職的哲學家，阿里斯蒂帕斯身體力行自己宣揚的道理。眾所周知他很懂得享受，錦衣玉食。他尤其沉迷於萊絲（Lais）的懷抱，一名美麗而善變的交際花。[1] 當有學生譴責他不該與這樣聲名狼籍、之前四處留情的女子有染，阿里斯蒂帕斯回說，自己不介意踏上一條多人曾搭過的船，也不會拒絕住進一棟有人住過的房子。他又講，無論如何，「最好的不是戒除享受，而是深懂品嚐卻不致於墮落」。[2] 唉，可惜萊絲辜負了他的心意，愛上克里特島（Crete）的運動健將約巴塔斯（Eubotas），他拿下奧林匹克賽事中跑步與戰車

　　　　　　　　　　　　　　　　　　　　　經濟學的決策思想

競賽的冠軍。（諷刺的是，萊絲的愛同樣沒得到回報：當約巴塔斯要回家鄉昔蘭尼，拒絕依約帶她同行，反而只帶著她的畫像上路。）

圖 2.1：阿里斯蒂帕斯

來源：維基共享資源，出自湯瑪斯・史丹利（Thomas Stanley）所著、於 1655 年出版的《哲學史》（*The History of Philosophy*）。

·伊比鳩魯的哲學·

阿里斯蒂帕斯的學生包括自己的女兒阿瑞特（Arete）（想來此時他應該沒向這位學生的家長收錢）。她隨後傳授給兒子小阿里斯蒂帕斯（Aristippus the Younger），他繼續發揚祖父的哲學成所謂的享樂主義（hedonism）。但要到阿里斯蒂帕斯死後約 20 年、西元前 341 年出生的伊比鳩魯（圖 2.2），才是公認的學說繼承人──儘管他的理念某個程度來說有些唱反調。伊比鳩魯學派的核心要義是，愉悅乃「**幸福人生的始與末**」。[3] 這樣的哲思是在一片牧歌般的環境下講授：

> 座落在雅典邊陲的一個花園裡，一小撮氣味相投、理念一致的男女齊聚於此，漫步長談，生活自然簡單，深入討論哲思，任世界運行……那是大學城般悠然無事的生活。對立與野心消弭於對尊師的敬重，任何煩惱著人類謬誤與困境的躁動靈魂不准進入。這裡生活靜謐如夢、與世隔絕，因著老派的精緻優雅而顯得高尚。[4]

而伊比鳩魯派要比阿里斯蒂帕斯派更加文雅，後者似乎致力於全然享受當下的人生。「所以當我們說愉悅是始與終，

我們指的並非奢侈淫佚之樂，」伊比鳩魯在寫給友人的信中說道，「不是連續不斷的狂飲作樂，不是性愛，不是縱情宴飲，儘管那構成一種愉悅的人生。」[5] 不，人生應由審慎的辯證所節制。雖說身心愉悅是「每個選擇、每個厭棄的起點，」他提醒，「我們不能過一種只重享樂，不講慎重、榮譽、正義的人生。」**不是所有快樂都值得追求**，尤其會有不良後果時——像是狂飲後的宿醉、違法後的懲罰；快樂其實也藏在不起眼之處。確實，除了擁有一個壯麗的花園，伊比鳩魯的生活非常簡單。一餐往往只是麵包配水，偶爾才加點起士。他的門徒同樣儉省，遇上慶典活動時亦然。根據拉爾修的描寫：「碰上節慶，他們最多喝上半品脫的淡酒，其他時候都只喝開水。」[6] 難以想見，奉愉悅為人生宗旨的學派竟是如此過活。

伊比鳩魯晚年淒慘。他一生飽受腎結石之苦，71 歲時整個泌尿道全部阻塞。受盡煎熬長達兩週之久後，他意識到來日無多，便寫下絕筆信給一位至交，坐進浴缸，喝了一杯葡萄酒，溘然長逝。大致來說，他堅忍克制地接受自己的命運，只不過，堅忍學派（stoicism，斯多噶學派）與他的哲學完全相反。

圖 2.2：伊比鳩魯

來源：維基共享資源，馬西莫宮（Palazzo Massimo alle Terme）收藏。

·快樂和錢的關係·

我簡單扼要地介紹了享樂主義與伊比鳩魯學派。我想說的是，根據阿里斯蒂帕斯和伊比鳩魯，人生的目標在於極大化你的快樂：愈多，愈好。伊比鳩魯認為快樂有兩種：「一種可能至高無上，如神所喜悅的，無法增加；另一種，則有增減的空間。」[7] 後者是我們都享受著的快樂，**永遠可以更多**。他告誡當時的人應保持簡樸，稱「對欲求極少之人來說，沒有也很夠」，但他也明白：大多數人都渴望更多財富。由此而起的就是〈獨立宣言〉強調的概念：一切人民，無論貧賤富貴，皆有權透過擴大愉悅、降低傷害來追求幸福。

但其中有個陷阱。沒錯，吃餅乾往往會帶來愉悅，但在吃下十幾片後恐怕無法如此，實際上還可能減低愉悅。所以好辦法是，別馬上吃，放著等到餅乾能再增添喜悅時享用。很遺憾，這套辦法不適用於冰淇淋、鮮魚、肉類、牛奶等容易腐敗的物品。

錢這時就有用了。擁有易腐物品的人可以拿這些物品來換錢，再用**錢適時換取增添快樂之物**。於是乎，**錢愈多，愈好**。沒錯，如俗諺所云：錢買不到快樂——但也如另一句俗語說的：錢有助於增添愉悅。錢買不到一切，但可以買到較

多的快樂。錢愈多就能買到更多快樂。關於金錢所扮演的角色，第一位深入思索的思想家是十七世紀的醫師約翰・洛克（圖 2.3）。

圖 2.3：約翰・洛克

來源：維基共享資源

　　　　　　　　　　　　　　　　　　　經濟學的決策思想

·洛克其人其事·

　　比白努利堂兄弟討論聖彼得堡悖論早一個世紀的 1632
年，洛克出生於一個富裕家庭，就讀倫敦至今仍被視為一流
中學的西敏公學（Westminster School），之後進入牛津深造
古典語言、邏輯學、形上學。學校課程使他生厭，與其唸柏
拉圖與亞里斯多德，他更喜歡研究笛卡爾等當代思想家。但
他堅持不輟，1656 年拿到學士學位，1658 年拿到碩士；十六
年後，又因長久以來的興趣，取得醫學學士資格。1668 年，
洛克榮膺皇家學會（Royal Society）院士，牛頓四年後也獲此
殊榮。由於繼承了父親一部分的遺產，他一生大都衣食無憂。

　　洛克的醫學學位事實上早該到手──還在唸書時，他
便已成功將腎臟發炎的安東尼·艾須里－古柏爵士（Sir
Anthony Ashley Cooper）從病魔手中搶回一命，這番本領使
得後來成為沙夫茨伯里（Shaftesbury）伯爵暨大法官的安東
尼爵士印象深刻，遂命他擔任自己的私人醫師兼秘書。伯爵
的官運起起落落，洛克也隨之起伏。於國王理查二世在位的
1683 年，他因涉嫌謀反，逃亡至荷蘭，六年後才伴隨之後成
為瑪麗王后的奧蘭治（Orange）王妃瑪麗返回英國。因為曾
任駐德外交使節，並遊歷法國、流亡荷蘭，也曾任貿易和殖

民委員會（Board of Trade and Plantations）委員（1673 – 1674）與貿易委員會（Board of Trade）成員（1696 – 1700），洛克獲得許多領域的第一手知識與豐富的經驗，包括：政治、組織治理、經濟、商業、行政管理、國際貿易。

洛克畢生不斷書寫和政治理論、宗教、經濟、教育、人的意識相關的主題。在查理二世趨向專制的黑暗時期，他寫出最重要的政治哲學論著《政府論》（*Two Treatises of Government*），並於剛自荷蘭返國的 1689 年匿名出版。他在世時，這部劃時代巨著即再版多次（雖然始終沒讓他滿意），是當今學者眼中奠定自由主義的作品。他提出自然法與自然權利，由此界定政府的正當性。由於君主專制政權沒有正當性，他遂支持人民有權抵抗暴君。

洛克向來謹慎，竭力隱藏他的作者身份——而他絕對有此必要。政治理論上與他看法一致的政治人物阿格農‧希德尼（Algernon Sidney），就因尚未出版的手稿《政府論叢》（*Discourses Concerning Government*），慘遭羅織叛國罪名處決。[8] 洛克只向最信任的好友傾談，銷毀一切手稿，並在論文中刪去所有會揭露他是作者的痕跡。所有和出版社、印刷工的交涉事宜，都透過第三方處理。儘管如此，英國知識圈仍議論紛紛，謠傳他就是這些作品的作者。

·洛克對財產的看法·

我不準備探討洛克對於政府的論點，只談他對私有財產、累積、金錢的看法。洛克的基本理論是：**每個人至少擁有自己**。顯然，那表示每個人都擁有自己的身體，而且也擁有自身的勞動成果。另一方面，地球孕育的一切乃上帝賜給全人類，換言之，不屬於特定某人。唯有當人在天然資源上**投注自己的勞動**，才能擁有這項天然資源。舉例來說，一女子從樹上摘下蘋果，這顆蘋果即歸她所有。沒有她的勞力，這顆蘋果沒有價值。融合人的勞動與地球給人類的天然資源，人便創造了食物、衣服、庇蔭（這些也成為人的財產）。**財產的取得及財產的無限累積是勞動的正當成果**，洛克主張這樣的行為合理正當。他表示，實際上，「〔公民社會的〕首要目的在於維護財產」。[9]

但請注意一點。許多天然資源相當稀少，很多會腐壞。你不能任憑累積的財產浪費掉，洛克這麼告誡。狩獵或採集蔬果的人必須確保「在東西壞掉前用畢，否則便是超額取用，掠奪他人的物品」。拿太多蘋果或橡實卻無法及時吃完，等同侵害他人權益，畢竟其他人也是這些作物的共同擁有者。對個人來說，「累積過量，既愚蠢也不正直」。[10]

到此為止的結論是，你可以盡情累積你能消化的量，**超過就不行**。然而，要為全家捕獲足夠的肉類、採收足夠的蔬果，可能只需要全家人一部分時間，那麼一個人要如何充分發揮勞力，獲得更多財產？洛克的答案是：「於是有了金錢，不會腐壞、可以儲存貯放之物。在兩造同意之下，可交換真正有需要卻易於腐壞的維生物品。」金錢的出現使累積成為可能⋯⋯並且正當。「若他同時以一個禮拜就要壞的李子換取可存放一年的堅果，這沒有形成傷害；他不曾浪費共有財⋯⋯若他因喜愛某塊金屬的顏色而拿堅果來換；或以羊隻交換貝殼、以羊毛換閃亮的卵石或鑽石，終生保存這些物品，他並未侵害到任何人的權利。」[11]

洛克意識到，錢一旦出現，根據人類天性，大家將熱切逮住機會增加財富：「當人發現可以作為金錢且具有金錢價值之物，你會看到此人立即開始增加自己的財產。」佔有慾、自利心，甚至貪念都屬正常，因為每個人「可能都想盡情累積這些可保存之物」。就洛克看來，人的收入、財富有所差距完全合理，因為「不同程度的勤勉讓人擁有的多少有差，而錢的發明又使他們能繼續擴大這個差異⋯⋯」他總結，「顯然，大家同意持有不同比例的地球資源，他們心照不宣地找到一種方法，使人可以擁有更多的土地，且土地的收穫超出

個人所需。這個方法就是以多餘的產品交換能保存、累積且不傷害任何人的金銀。」[12] 所以，和阿里斯蒂帕斯與伊比鳩魯一樣，洛克也認為東西愈多，要比愈少來得好——**如果這東西會壞掉，那就是愈多錢愈好。**

以金錢解決了物品腐壞的問題後，洛克得找出辦法，保障金錢與更多財產免於落入小偷、騙子等壞蛋之手。今天我們理所當然認為司法體系與執法單位會保障所有人的財產權，但洛克當時才正開始從根本探究社會該如何運作。他在《政府論》中表示，政府存在之前，所有人處於一種「純然自由的行事狀態，可恣意處理自己的財產與人身」。[13]

問題來了。如果我們完全自由，且具備擁有此等自由的天然權利，為什麼會自願聽從政府，放棄部分自由？洛克給出的答案突顯出了金錢與財富的重要性。一個人或許擁有財產，洛克解釋，但他這份擁有的喜悅卻始終處於危險之中，飽受壞蛋與罪犯的威脅。他因此推斷，所以人願與他人共組社會「以共同維護彼此的生命、自由與財產」。政府不僅扮演保障生命與自由的角色，還要**保護財產**：「因此，大家加入聯邦、自願置身於政府之下的首要原因，是為了保護財產。」[14]1704年，洛克死於書房。（當時丹尼爾・白努利4歲。）

·功利主義的前身·

　　1671 年，身為沙夫茨伯里伯爵私人醫師的洛克接生了伯爵的孫子，名為——如其父及祖父——安東尼・艾須里－古柏；待父親逝世後，他將成為第三代沙夫茨伯里伯爵。深受第一代伯爵倚重的洛克，擔負起教育小安東尼之責。他設計了課程，並將日常授課一事交給一名女性伊莉莎白・博齊（Elizabeth Birch），這在當時頗不尋常。博齊精通古希臘文和拉丁文，她的學生到 11 歲對這些死語也應答如流。

　　在歷經兩年歐洲壯遊、父親於 1699 年過世後，第三代沙夫茨伯里伯爵便得挑起家業，包括監督弟弟們的教育、安排姐妹們的婚姻、監管家族投資、治理家族土地、仲裁租戶間的紛爭。他也承襲先人的腳步成為一名政治人物，24 歲踏入國會，不過因為長期飽受哮喘或肺結核之苦，不得不於三年後放棄席位，離開空氣污染嚴重的倫敦。他之後待在荷蘭休養了一段時間。而就像第一代沙夫茨伯里伯爵、不像第二代伯爵（或許有點不公，一般認為他有點愚笨），他還成為一名哲學家，而且和某些同儕不同，第三代沙夫茨伯里伯爵十分重視自己文章的可讀性。他嘗試各種文體，甚至以插圖來表達觀點。他那厚達三冊的著作《論人類、禮儀、見解

與時代等特徵》（*Characteristicks of Men, Manners, Opinions, Times*）於 1711 年出版，並成為該世紀再版次數第二多的英文著作，僅次於洛克的《政府論》。他未能親見這套巨著的成功；初版僅僅兩年，第三代沙夫茨伯里伯爵的安東尼便以 42 歲之齡離世。

這位伯爵在他的著作中強調，品德高尚的人應以實際行動讓社會變得更好。因此，一人的行徑是否可取，端看這些行為是否提升人類整體福祉，每個人都應**檢視自己如何影響自身所處的社群**。儘管今日沙夫茨伯里伯爵並非知名的思想家，他的作品卻深深影響之後許多哲學家，尤其是法蘭西斯・哈奇森（Francis Hutcheson，1694 － 1748），後者又啟發了邊沁（Jeremy Bentham，圖 2.4），從而孕育出後人所知的功利主義（utilitarianism）哲學流派。

・邊沁其人其事・

邊沁出生於 1748 年，父親任職於倫敦一家處理法律事務的公會，家境優渥。邊沁還是學步兒時便展現超凡的天賦，因為某天家人發現他坐在父親的書桌前，閱讀數冊英國史。

他 3 歲開始唸拉丁文，接著就像早他三十年的洛克一般，進入西敏公學就讀，隨後於 12 歲時被送進牛津大學。

邊沁在兩間學府都很不快樂。身材瘦小的他在西敏公學飽受霸凌，他也痛恨該校嚴格的管教與動輒透過鞭打來體罰學生。就讀牛津大學皇后學院（Queen's College）時，其他出身仕紳貴族的同學輕蔑地稱他為「哲學家」；當中魁梧的同學總喜歡讓他頭下腳上，好展現自己體能（而非智識）方面的不凡。有一回邊沁如此慘遭戲弄時，半幾尼（guinea）【編按：幾尼為當時英國流通的一種貨幣】的硬幣從口袋掉了出來，讓他丟了全部的零用金。而讓邊沁不快樂的不僅是這些磨難，還因為牛津可悲的教育。對於自己不得不出席的課程、不得不聆聽老師們「愚蠢的演說」，邊沁只有滿滿的鄙夷。（十年後，他的弟弟塞繆爾〔Samuel〕——與他終生相親，早他一年離世——則因哥哥致力的教育革新而受益。塞繆爾成為知名工程師與造船技師。）

邊沁的父親慈愛但高傲且富野心，總指望他成為律師。邊沁也以為自己終將成為大法官，但很快就對英國的法律現況感到失望。當他告訴一名潛在客戶，訴訟費就高出他想爭取的金額，也同時終止了他短命的律師生涯。於是，他從執法轉為改革律法。

經濟學的決策思想

圖 2.4：傑瑞米·邊沁

來源：維基共享資源；亨利·威廉·皮克斯吉爾（Henry William Pickersgill）繪。

從那時起，直到邊沁84歲生命最後階段，他都筆耕不輟，大量書寫和法律及政治體系各個面向相關的內容，平均一天手寫 15 頁。儘管不願發表這些作品，他卻從未懷疑這些作品（或他自己）的重要性。即便在承認自己的短處時，他也不露痕跡地讚美自己，就像他說膽怯、笨拙、窘迫、和事實不符的羞恥自卑是「優秀、獨特的天才最殘酷的敵人」。[15] 但他的自我懷疑與內心掙扎毫不虛假。也只有在友人不斷催促下，邊沁他才答應發表自己的著述，而且還堅持必須匿名發表……這樣的狀態至少持續到他那以兒子為傲的父親再也無法保密之前。

邊沁戀愛多次，但始終未婚。他似乎愛自己勝過一切，這點從他奇特的遺囑可見端倪：在他死後，要將遺體解剖、骸骨著裝，保存下來。直到今日，他的遺體仍展示於倫敦大學學院（University College London）一只木櫃中，邊沁的理念啟發了這間學校的創立，是該校的精神領袖。只不過，經過學生幾次惡搞後，他的木乃伊頭顱改由蠟像取代。

·邊沁與功利主義·

　　邊沁的概念可溯及阿里斯蒂帕斯，他假定人類的行徑由兩種觀念所支配：**痛苦和愉悅。前者大家設法躲避，後者則致力爭取**。作為社會改革的擁護者，邊沁尋求能將這樣的利己主義與利他主義互相調和的方法，以導引那龐大的自利心做出更有益於社會之事。他將幸福定義為愉悅減去痛苦的總和，得出所謂的最大幸福原則（greatest happiness principle）。「衡量是非的標準，在於**絕大多數人的最大幸福，**」他在《政府片論》（*A Fragment on Government*）的前言中如此說道。[16] 因此，不能只考慮個人的幸福，整個社會所有人的幸福都得納入考慮。判斷行為是否可取，個人的道德羅盤不是要指向純善動機，像是正義、公正、平等，而是要指向這個行為的結果對絕大多數人產生的效用。功利主義於焉誕生。[17]

　　「絕大多數人的最大幸福」這條箴言恰與正義或人類的自然權利這類觀念相左。在邊沁的體系中，撒謊、欺騙、偷竊若能增進社會整體幸福，就是合理的行為。「自然權利根本是胡扯：自然且不可剝奪的權利，全是修辭上的胡扯——毫無根據的胡扯。」[18] 正義普遍受到肯定、值得讚揚，全因

長遠來說能增進社會福祉。邊沁大加反對〈獨立宣言〉所提那不證自明、不可剝奪的權利，且毫不諱言表示：「當代美國人對於政府的看法，有如其老祖宗看待巫術，根本就蠢到不值一提。」[19]

何以〈獨立宣言〉（尤其前言部分）會引起這番嚴詞批評？邊沁堅稱，政府機構與不可剝奪、自然的權利完全不相容：「為了保障這些權利，他們（當代美國人）甘願成立政府。他們卻沒意識到⋯⋯如此一來，在政府成立後的許多情境中，這些他們以為不可剝奪的權利，其實或多或少被剝奪了。」[20]

還用說嗎！政府當然會強迫民眾守法。畢竟，法律是為了全民福祉而設立。若說為了增進整體福祉而應高舉正義，即便這樣會限縮個人自由（freedom），那麼遵守法律、繳納稅款自然也是同樣的道理。這些約束並未抵觸民眾的生存、自由權（liberty），也未牴觸他們追求幸福的權利。[21]

就像〈獨立宣言〉有所爭議一樣，「絕大多數人的最大幸福」此原則的問題也罄竹難書。舉例來說，我們不可能永遠事先知道某個行為會增加還是減損幸福。人能否採取無關道德（amoral）的途徑為多數人謀求更多福祉？為多少人？更重要的一個問題，我們在後續的篇章也將多有著墨：要如何比較這個人與那個人的幸福？如果在院子種一棵樹，樹蔭

能為主人帶來愉悅，落葉卻造成鄰居的煩惱，這主人還能種嗎？更深一層來說，哪些因素能增添或減損快樂？針對最後這個問題，邊沁深思後提出「幸福計算」（felicific calculus）算法，企圖以**數學**衡量效益，判斷某行為是否可取。

·邊沁如何計算幸福·

邊沁主張，幸福是由幾種基本的愉悅及痛苦形成的複合情感，前者包含 14 種──感官、財富、技能、權勢等，後者 12 種──困乏、怨怒、困窘、臭名等。他建議從七個面向衡量幸福這種感受，前四種──強度、時間長度、發生機率、迫近度（多快會發生？）──皆關乎個人體驗到的愉悅或痛苦；再兩者──豐饒度（會產生更多同樣的感受嗎？）和純粹度（相反的感受會繼之而起嗎？）──衡量行為之後果；最後一個面向，也就是程度，用來衡量這個行為的後果在群體中影響的範圍：多少人的幸福受影響？

邊沁在《道德與立法原理》（*Principles of Morals and Legislation*）及一些未發表的手稿殘篇（手稿在十九世紀末由法國歷史學者暨哲學家埃利·阿萊維〔Élie Halévy〕於倫敦大

學學院所發現）中，描述如今我們稱為演算法（algorithm）的東西，用以計算總幸福。衡量一個人的悲喜強度，就看那是他當下最細微感受的多少倍；有時稱之為「喜登」（hedon）──衍生自享樂主義（hedonism）──或是「多累」（dolor，源自西班牙文的痛苦一字）【編按：「喜登」和「多累」各代表愉悅和痛苦的基本單位】。長度由時間單位估量，例如分鐘。發生機率由介於 0 到 1 的分數表示，1 代表極肯定。迫近度也是介於 0 到 1 的分數，1 表示立刻發生，0 表示生命終點。可以開始計算了。喜登數量乘上分鐘，再乘上代表發生機率及迫近度的兩個分數。多累的計算也一樣，只是結果前面加個負號。如此算出這項行為導致的全部愉悅和痛苦（即此行為的豐饒度與純粹度），加總所有結果，便得出此人的總幸福或總效用。

　　演算至此，問題來了。若每個人都一樣，那只要把剛剛得出的結果乘以這項行為影響到的人數。雖說時間長度、發生機率、迫近度、豐饒度、純粹度多少可稱得上客觀，不過邊沁也明白，各人感受的悲喜強度並不同。[22] 所以這些計算必須**個別進行**，考量適合每個人的喜登與多累量。再加總結果，如此一來，我們有了決策工具：面對各種行動方案，政府會選擇結果最高的項目。

　　　　　　　　　　　　　　　　　　　　　　經濟學的決策思想

這個幸福計算打開了潘朵拉的盒子。影響較強但持續較短的行動，如何與另一種行為比較？達 6 分鐘的 5 喜登，等同於 5 分鐘之久的 6 喜登嗎（按正常計算來說）？那結果足以彌補持續 7 分鐘的 4 多累嗎？更重要的是，彼得的喜登與瑪麗的喜登相等嗎？如果不同卻彼此加總，無異是把蘋果跟橘子混在一起。基於這些理由，**幸福計算不能拿來應用，只能證明概念。**

・邊沁對財富的看法・

儘管這套算法不切實際，邊沁仍堅信幸福乃一切的衡量尺度。至於金錢呢？金錢扮演什麼樣的角色？舉個例子，邊沁 1801 年出版的《民法原理》（*Principles of the Civil Code*）便提到錢。第一部第六章論及幾則與財富與幸福相關的公理，頭兩個是：

公理 1：某個比例的財富，皆有一對應比例的幸福。

公理 2：財富不等的兩個人中，擁有最大財富者即擁有最大幸福。

第一公理在金錢與幸福間建立起**對等關係**。乍看似乎為真，其實當然非也——就像俗話所說，錢買不到快樂。但話又說回來，錢雖買不到快樂，卻有所幫助。再怎麼不快樂的人，拿到一塊錢，也多少會開心點。邊沁也堅持，每多一塊錢，幸福感會提高。他在第二公理充分表明這點：**錢愈多，人愈幸福**。當然，半世紀之後的馬克思全然不吃這一套。他會這樣形容邊沁：「體現資產階級愚蠢的天才」。[23]

·回到「人有權追求幸福」·

先別管馬克思對邊沁的輕蔑，還有邊沁對〈獨立宣言〉的疑慮，〈獨立宣言〉這份文件對「永遠不懈地追求幸福是所有人（包括有錢人）的權利」的堅持，似乎回應並正當化了人性深層的渴望。成為〈獨立宣言〉的範本、早了幾個月起草的〈維吉尼亞權利法案〉（Virginia Declaration of Rights）講得更具體明確。這項法案表示，人人具備某些天賦自然的權利，且不限於生存、自由與追求幸福。這群「維吉尼亞良善公民之代表」以洛克自期，且又超前一步：在人人天生既有的自然權利中，這些代表還在第一段納入「取得及

經濟學的決策思想

持有財產的手段」。傑佛遜起草〈獨立宣言〉時拿掉財產相關文字，以「幸福」代之。他用一種更加宏大的概念取代狹隘的財產權，使權利擴及未擁有或不想擁有實體財產之人。如此，大家可自行解讀何謂幸福，可以是財產也可以是其他任何東西。話說回來，傑佛遜絕對不曾小看（或否定）擁有私人財產的權利。剛好相反，就像他在寫給流亡美國的法國經濟學家皮耶‧塞繆爾‧杜邦‧德‧內穆爾（Pierre Samuel du Pont de Nemours）的信中所示：「我深信……財產權植基於我們的自然需求之中，也植基於我們天生具備、用來滿足這些需求的手段之中。」[24]

值得一提的是，根據〈獨立宣言〉，人人有權**追求**幸福，卻不是**達到**。後者意味某種可企及的確切水準，前者的幸福則無從捉摸，天外有天。再怎麼幸福或有錢，誰都有權繼續追求更多；以邊沁第二公理來說，就是不斷追求財富金錢。且來對照聯合國所持的極簡觀點，其〈世界人權宣言〉（Universal Declaration of Human Rights）僅申明「人人有權享有足以維持自身及家人健康及福祉的生活水準」。[25]〈經濟社會文化權利國際公約〉（International Covenant on Economic, Social, and Cultural Rights）則僅要求「為所有勞工提供最起碼……為他們與家人帶來得體生活之報酬」。[26] 這

確實讓人有機會獲得比最低工資更高的酬勞，卻沒有提到獲得更高報酬的權利。

　　我們暫且拋開聯合國吧，畢竟聯合國僅致力於可實現的，而非追求崇高的理想。自古至今，深刻思考金錢財富的哲學家，從阿里斯蒂帕斯、伊比鳩魯，至洛克、邊沁、傑佛遜等人，皆推導出此一明顯而不令人訝異的結論：錢多一點比少一點還來得好。此公理如此深植人性，說出來簡直多餘。

● ○

　　以數學的語言來解釋，這意味在一個 X 軸表示財富或金錢、Y 軸表示對應效用的圖形中，曲線將**始終往上升**。用更數學的術語講：若說效用是財富的函數，則此函數之一階導數將**始終為正**。

第三章

……程度遞減

・亞里斯多德：怎樣才算慷慨？・

第二章的主題——任何物品（包括金錢）愈多愈好——看似理所當然。[1] 這乍聽之下像廢話的陳述背後，其實頗有深意。與此相關的討論跟諸多深刻的問題一樣，打從很久以前就開始，而最具影響力的希臘哲人亞里斯多德也在這個議題上提出看法。

被很多人視為心理學之父的亞里斯多德（圖 3.1）洞悉人性本質與人類行為，他對財富本身以及如何看待財富，頗有話說。例如，在《尼各馬科倫理學》（*Nicomachean Ethics*）中——這本名作不確定是以他的父親或兒子命名，因為兩人都喚作尼各馬科（Nikomachos）——這位哲人滔滔論述如何過一種品德高尚、正直和幸福的生活。第五卷中，亞里斯多

德認為，有德性之人最可貴的特質之一是慷慨。慷慨之人應捐贈財富，且給予的對象和捐贈的量都要適當。他提到的慈善公益之舉包括建造神廟、向神獻祭、資助合唱團、整備戰艦，或為市民提供盛宴。有德者這麼做是出於自願、十分樂意，因這項行為本身令他感到幸福。如果有人心不甘情不願，或不是基於道德動機捐獻，就不能叫做慷慨──因為比起高尚的行徑，他更看重錢。

　　另一方面，捐贈財富也絕對不可以太過。不能盲目捐給第一個來要的人，也不可給不值得者，或在時機不對時為之。喔還有，亞里斯多德提醒，絕不可以忘了自己有多少財富，因那將削弱你繼續幫助有需要者、致力於崇高目標的能力。浪擲錢財做慈善，不能視為慷慨，而得看作揮霍。此時問題來了：**究竟該捐贈多少，才叫做高尚慷慨？**

圖 3.1：亞里斯多德

來源：維基共享資源；魯多維奇（Ludovisi）收藏。

經濟學的決策思想

亞里斯多德就在這裡提出一個新概念。他不探究數字，而是以其他角度切入，依序舉出幾種慈善人物。首先是心性寬大、高尚之人，他們能拿出的禮物價值不菲，唯有富者能夠（也應當）負擔。若有人財力不足，卻偏想與富者較勁而捐贈超出能力負擔範圍的財富，那麼就會無力償債，進而危及到他將來為善的能力。接著是純粹為了善行而行善的慷慨之人，他們重視金錢，不是因為金錢本身，而是因錢能為善。接近底層（但還未到）的是吝嗇之人，把錢攢得緊緊，討價還價，貪小便宜；即便是做好事也不斷抱怨花太多錢，毀了一樁美事。比這類吝嗇鬼還低下的是愛吹噓的自誇之人，比方說，他們會以婚宴般豪奢的盛宴款待朋友。這種招搖的慷慨只是偽裝，並非出於仁愛或公民責任感──只想炫耀財富，讓同儕吹捧奉承。

　　亞里斯多德對慈善之舉的分類**根本不提數字**，可謂意義重大。他強調，捐獻多寡是**相對的概念**。例如，能裝備一整條戰艦保衛大眾的艦長，與只能贊助一場宗教儀式的大使，兩人的支出並不一樣。捐獻是否得宜，不僅要看事物的成本，無論那是戰艦、廟堂、民眾饗宴；更重要的是，要看捐獻者的經濟狀況。判斷是否得宜，要看捐獻者的能力範圍。所以，富人贊助廟堂、獻祭、賽事謂之妥當，經濟狀況差的人要這

麼做就不得體。亞里斯多德認為，重點在於：**不能以絕對數字衡量**。「慷慨，」他寫道，「須就一人的財富衡量。不在於捐贈大小，而在此人的處境。慷慨之人就其財富狀況而捐獻相稱的金額。一個較不起眼的贈禮可能代表更高層次的慷慨，因為可能出自較有限的財力。」[2]

　　一筆金額不應從絕對的數值來看，而應考量此人的財力，這個概念亞里斯多德在他最重要的著作中著墨更深。《政治學》（*Politika*）是本政治哲學之作，而經濟學是這個領域重要的一部分，遂在此書佔有相當份量。他在第七卷裡主張，滿足的來源 [3] 有三：外在之物（如物質財產）、身體之物（也就是軀體安康）、靈魂之物（如勇氣、節制、堅韌）。以靈魂之物來說，身體之物或許亦然 [4]，總是愈多愈好，沒有上限。至於外在之物，也就是那些我們視為財富的東西，像是黃金、房地產、牛隻，他的看法特別有意思：「外在之物有其**限度**。如同一切工具，凡有用之物都具備這種性質：**如果太多，必定造成傷害，不然就是對擁有者來說毫無用處。**」[5]

　　是不是有點耳熟？想想吃太多餅乾或冰淇淋會怎樣。根據亞里斯多德的說法，如果效用真的繼續增加，感到飽足或噁心，並不是效用增加的幅度愈來愈小唯一的原因。許多外在之物──如田地、牛隻、犁──只是用來增加財富的工具。

超過某個程度，維護這些外在之物**造成的煩惱將大於其用處**。亞里斯多德清楚說明了，無論什麼原因，一旦過頭，額外的財富不會增添效用。

·邊沁對效用的理解：更多公理·

這樣繞去了解希臘哲學後，我們回頭來看邊沁。除了我在第二章的介紹，他對財富效用有更多話要說。尤其在他打造通用法典的企圖下，不只前一章那兩項公理，邊沁還提出更多項公理。第一公理建立了幸福與金錢的對等關係，第二公理斷言錢愈多愈好，《萬全法簡論》（*Pannomial Fragments*）的第三、四公理則描述效用如何隨著財富增加而增加。邊沁是在 1801 年出版《民法原理》，《萬全法簡論》則斷斷續續地寫，最後書寫的時間約在 1831 年。我們不知道邊沁是否熟悉，甚至是否知道丹尼爾·白努利針對 1733 年聖彼得堡悖論的解答，但他確實提出了同樣的概念，只是沒有用上數學。他明白，基於人性，對我們來說，**多增加一單位財富帶來的效用，會比前一單位財富的效用來得低**。他認為這項理解如此重要，必須以幾條公理表示。他在《萬全法簡

論》如此陳述第三、四公理：

公理3：但幸福的數量完全不會隨財富數量的增加等量提高：財富增加一萬倍，幸福並不提高一萬倍；是否能提高兩倍，甚至都令人懷疑。

公理4：隨著某人的財富超過另一人的財富，且超過的量不斷增加，財富產生幸福的效果便會持續減少：換言之，一個財富粒子（每個粒子的大小相同）帶來的幸福感將愈來愈少；第二個的少於第一個，第三個的少於第二個，以此類推。[6]

就制定公理而言，這兩項陳述都有點過頭。公理系統，例如歐幾里得的公理，應當要簡短、扼要、精確，以最少的必要資訊闡明一切，不允許任何矛盾。尤有甚者，公理不應重複；不同的用字恐怕會導致困惑甚至矛盾。增添兩條公理來闡述同樣理念，就像邊沁在第三、四公理所做的，絕不可行。但邊沁當時似乎覺得，效用會增加（即便**增加的幅度遞減**）實在令人驚異，甚至有違預期，讓他認為不只用一條公理加以闡明乃合情合理，無暇顧及簡潔與否。

從這個洞見出發，邊沁得出一些實用的成果。由於「一個財富粒子，若添在最窮者的財富之上，將比添在最富者財富之上產生更多幸福」，那從整體幸福的角度來看，把富者的財富給予貧者是有利的。邊沁不太有條理地呈現這番見解：「較富有的失財者的收入，一年 10 萬英鎊……較窮困的得財者的收入，一年 10 英鎊……富者失去，貧者獲得的財富，一年 1 英鎊……於幸福總和之效乃見於獲得方。較貧困的獲得者將得到的幸福，將多於較富有的失去者。一財富粒子，若添在最窮者的財富之上，將比添在最富者的財富之上產生更多幸福。」[7] 嗯……這下我們了解，《萬全法簡論》之所以稱作簡論（fragments）【譯注：有碎片之意】的原因了。

這段話用現在的語言來講，會這麼說：若從富人那裡拿走 1 英鎊給窮人，幸福總和會增加。這個結論直接從前述公理得來，也就是效用（或幸福）會持續增加，但增加的幅度持續遞減；這個結論就是**累進稅率**的濫觴。

邊沁舉出這條公理的另一項成果。假設某國會議員有 1 萬英鎊可分給選民。再假設，窮人眼中多增加的 1 英鎊，等同於富人看待多增加的 5 千英鎊。如果議員給一萬名窮人每人 1 英鎊，比起 1 萬英鎊全給一位富人，前者可帶來五千倍的幸福。議員只要簽署幾個文件便能成就多少幸福，著實令

人吃驚，但邊沁這番假設恐怕有點過頭。較合理的假設是，背景轉到當代，且說在中產階級的眼中，多增加 1 元的價值等同富翁眼中的一百倍。那 1 萬元分給一萬名中產階級，和全額贈與一名富翁相比，仍可以製造一百倍的幸福。

第三個例子講的是一單位貨幣從一人手中移轉到另一人手中。邊沁藉此指出賭博的弊端，算是附帶的好處。相關論述如下，撰寫風格有如《萬全法簡論》：

> 「富者之收入，且說一年 10 萬英鎊……次富者之收入，且說一年 99999 英鎊 ：取自前者，轉至次富者之財，一年 1 英鎊……於幸福總和之效乃見於失去方……富者失掉之幸福將大於次富者所得到之幸福。此乃博弈這種遊戲中，邪惡一方會佔上風的原因之一。」[8]

可惜，邊沁這裡說錯了──雖然只在細節，大原則沒錯。他說，10 萬英鎊的主人失掉 1 英鎊給 99999 英鎊的主人時，輸家流失的幸福大於贏家所獲得的幸福。但實際上，當賭局展開，情況將與之前一模一樣，只是角色對調。之前窮一點的人這下子擁有 10 萬英鎊，之前較富者現在則有 99999 英鎊，所以總體幸福與一開始完全相同。如果邊沁說，較富者的收

入為 100001 英鎊，輸掉 1 英鎊給賺 99999 英鎊的對手，那兩人各將有 10 萬英鎊在手。只是此時總體幸福會提高：較窮者從那額外的 1 英鎊得到的幸福，將大於較富者拿出 1 英鎊損失的快樂。所以這不是反對賭博的有力論證。邊沁原本想說的可能是，若較窮者輸掉 1 英鎊給較富者，且唯獨如此，整體幸福才會下降。（若是以兩個財力相同者賭 1 英鎊為例，也能說明這個道理，而且更加清晰易懂。）知道連邊沁這種大哲學家也不免犯錯，真令人欣慰。

這又讓邊沁導出另一個結論。既然錢從富人轉到窮人手中能提高整體幸福，就該持續下去，直到大家擁有的一樣多。「實際分配的比例愈接近平等，幸福的總質量愈大。」他在《民法原理》這麼說。來到《萬全法簡論》，他甚至建議決策者應力推這種財富重分配：「設想要制定新憲法，且以最多數人之最高幸福為宗旨，即有充分理由將財富由最富者手中取走轉至次富者，直到所有人的財富皆降至平等水準。」[9] 馬克思一定會同意這點；顯然他批評邊沁是「體現資產階級愚蠢的天才」時，漏看了這個部分。[10]

總而言之，所有這些主張——取自富人，給予窮人；賭博不好，平等至上——都來自這項公理：每多一單位財富，產生的幸福皆少於前一單位。[11] 但前提必須是：金錢帶給不

同人的效用（或幸福）可互相比較。很遺憾，不同人之間的效用無法直接相比。即便這些論述有可能正確，仍須加以驗證，得通過數理經濟學的嚴格標準。我們後面會再多談。

・拉普拉斯：用數學發揚效用理論・

邊沁把效用「**以遞減比率增加**」這個事實設為公理，說的只是一種人性的基本原則，白努利七十年前便已發現……更別提兩千年前的亞里斯多德了。白努利與邊沁表達這項原則的差異在於，作為政治學家的邊沁採用**質化語言**，數學家的白努利則予以**數學外衣**。延續此道的思想家將得另覓途徑，來解釋確切數字與難以捉摸的效用之間的關聯。

第一個接續白努利想法的是法國人**皮耶－西蒙・拉普拉斯**（Pierre-Simon Laplace，圖 3.2）。他出生於 1749 年，晚邊沁一年，是十八世紀最頂尖的數學家、物理學家、天文學家，就好比上個世紀的白努利家族。此外，他也是其中一位率先替機率論奠定堅實理論架構的學者；在此之前的 150 年，機率論都很籠統，不是很精確。[12]

與先賢亞里斯多德、白努利、邊沁等人的主張一樣，拉

　　　　　　　　　　　　　　　　　　　　　　　　經濟學的決策思想

普拉斯在著作《機率的哲學論》（*Essai philosophique sur les probabilités*）表示，效用以遞減比率增加：「一件物品帶來的效用並非和該物品成某個比例……而要視千種可能頗難定義的情境而定，其中最普遍也最重要的就是財富。」實際上他還沒說完，「顯然，和大富翁相比，一法郎對一位擁有不到一百法郎的人來說更有價值。」[13]

在他那部首刷於 1812 年、其後十三年間再版不下五次的巨著《機率分析論》（*Théorie analytique des probabilités*）中，他將一整章的篇幅獻給「期望效用」（l'éspérance morale）。

是的，就在尼可拉斯・白努利首度提出這個議題的 99 年後、堂弟丹尼爾提出解答的 81 年後，拉普拉斯將效用理論的數學面推到極致，並推崇丹尼爾為效用理論的先驅。拉普拉斯在第十章煞費苦心地詳列計算，算出一位擁有 100 法郎的人，根據金錢效用取決於對數函數，此人願意加入聖彼得堡賭局的代價不會超過 7.89 法郎。若此人有 200 法郎，那他願意多下注的額度不會超過 89 生丁（centime）【譯注：1 法郎＝100 生丁】，也就是總共不超過 8.78 法郎。

拉普拉斯接著把這個新方法用到比丟銅板更嚴肅的挑戰上：當時正熱門的議題——退休金。法國大革命前，行會（guild）——所有人都得加入才能工作——會照顧會員的老

圖 3.2：皮埃爾－西蒙·拉普拉斯

來源：維基共享資源

經濟學的決策思想

後。但在 1791 年，政府為了放寬工商限制、鼓勵自由競爭，下令取消行會。從此任何人可隨意從事任何行業；壞處是，在此之前連繫退休與在職會員的紐帶斷裂，年長者只能靠自己。私立的互助會（sociétés de secours mutuels）——大家可自由加入——填補了這塊空缺；付費會員得到保證，老年或生病時不會有財務之憂。問題是，這些組織十分鬆散，等會員需要錢的那天到來，這些互助會是否還存在都充滿不確定性。直到 1835 年，才終於出現規範互助會的法令。

《機率分析論》首度於 1812 年問世時，退休金議題始終懸而未決，人壽保險則被熱烈討論。為了展現他這套理論的用處，拉普拉斯提出的問題是：**夫妻應合買人壽保險還是個別購買，效用上才比較有利？**拿晦澀難懂的數學工具來對付所有人關心的議題，拉普拉斯成功引起了讀者的關注。他如此鋪陳題目：若是聯合保險，兩人在世時各自可領一半保額，配偶過世則全數領回。若是個人保險，保險金將隨個人死亡終結。而拉普拉斯設定的一個保額條件為：兩者的折現預期給付必須相同——保險公司也會這麼堅持。（因此，年度支付的保額逐年改變。）透過死亡率表、利息率、貼現因子，及假設夫妻對財富都有對數效用，拉普拉斯的結論是，夫妻合買人壽險較為有利。[14]

結束無趣的數學後，拉普拉斯忽然變得天真。他跳出純計算，寫說，當配偶過世，還活著的人想必也年事已高，剛好在最需要時得到共同保單帶來的較高保額。基於夫妻間的深情——此時這位理智的數學家變得極度浪漫——老伴與家人好好活下去，會是那將死之人的唯一掛念。

　　我們實在很難見到金融機構、道德、美好的渴望同時出現在一個句子——別忘了，還是出自一位數學家——所以我想完整抄錄拉普拉斯原文於此：Les établissements dans lesquels on peut ainsi placer ses capitaux et, par un léger sacrifice de son revenu, assurer l'existence de sa famille pour un temps où l'on doit craindre de ne plus suffire à ses besoins, sont donc très avantageux aux moeurs, en favorisant les plus doux penchants de la nature.[15]（意思是：人可將資產存放於金融機構，雖然犧牲少許收入，但能在自己擔憂無法繼續供養家人時，仍確保他們衣食無虞。這樣的金融機構對道德有利，也滿足了人性最美好的渴望。）既然金融機構能滋養道德與美好，拉普拉斯便主張政府應多加鼓勵，因為——基於這些機構體現了遙遠未來的希望——唯有當大家對這些金融機構能否永續經營的疑慮消失，這些機構才可能繁榮長存。

·生理學和效用理論有關？·

從數學家白努利、政治學家邊沁，再到機率專家拉普拉斯，是時候交棒給探索人類**生理與心智**的專家了。兩名德國人來到舞台中央：萊比錫的醫學博士**恩斯特·海因里希·韋伯**（Ernst Heinrich Weber，圖 3.3），及心理學家**古斯塔夫·西奧多·費希納**（Gustav Theodor Fechner）。

·韋伯其人其事·

韋伯生於 1795 年，父親麥可·韋伯（Michael Weber）原是傳教士，後成為教義學教授。韋伯在 13 個孩子中排行老三，其中 7 個存活下來。早慧的他求學時不僅成績優異還很會摔角，16 歲到威登堡（Wittenberg）的大學攻讀醫學。就是在這個城市，三世紀前改革家馬丁·路德發表了〈95 條論綱〉質疑天主教會。威登堡也是物理學家恩斯特·克拉尼（Ernst Chladni）的家鄉，他的克拉尼圖形——薄沙覆蓋的金屬板上，聲音振動所形成的圖案——不僅美得令人匪夷所思，更對小提琴、吉他、大提琴的設計產生重要影響。克拉尼是韋伯家

的常客，並與恩斯特發展出延續了一輩子的情誼。

1814 年，韋伯入學才三年，戰火改變了一切。普魯士軍隊奪回拿破崙的門徒薩克森國王（kingdom of Saxony）佔領的威登堡。爭戰大大破壞了這座城，韋伯家更遭法軍砲火擊毀，他們不得不逃離。威登堡受創過重，大學只得遷至鄰近小鎮。老韋伯最後舉家搬到哈雷（Halle）。

在克拉尼的推薦下，韋伯轉至萊比錫大學就讀，投入人體與動物解剖學。他想藉著研究某些動物的器官構造及其生活方式之關聯，來了解器官的功能與交互作用。靠一把獵槍及一根釣竿，他自己搜集了許多（非人類的）研究樣本。1815 年，韋伯便以比較解剖學的論文取得醫學學位。

韋伯接下來的職涯進展極為迅速。身為醫師，他仍持續研究解剖，對魚類聽覺器官有重大突破，1821 年被任命為解剖學教授。就這樣，年僅 26 歲的他已到達德國學術圈的頂峰。依照傳統，是時候成家了，他娶了兒時玩伴的妹妹弗德芮柯・施密特（Friederike Schmidt），共度五十多載的幸福婚姻。

儘管成家所費不貲，韋伯仍以鉅額買下一碗水銀——當時被當作對抗腺體機能失調的藥物——繼續探索解剖。原訂的實驗計畫雖僅部分成功，這筆買賣卻成為科學界的福音。一天在清除水銀的灰塵與雜質之際，韋伯觀察到那黏稠

圖 3.3：恩斯特・海因里希・韋伯

來源：維基共享資源

表面上的振動，讓他想起克拉尼圖形。於是他與弟弟威廉（Wilhelm）——後者高中起就與哥哥一起合作——開始從波的出現與表現，一直研究到分子的振盪。因為學校實驗室太小，後續實驗皆在父親家進行，前後共四年——那段期間，哥哥每個禮拜都步行往返相距 20 英里（約 32 公里）的萊比錫與哈雷，因為當時沒有公車經此路線，更遑論火車。兩兄弟努力的成果集結成《基於實驗的波的理論》（*Wellenlehre auf Experimente gegründet*），他們將此書獻給好友克拉尼。這本著作論述詳盡，兩人瞬間成為物理學界家喻戶曉的人物。

　　而恩斯特・韋伯最重要的著作之一，就屬《人體一般解剖手冊》（*Handbuch der allgemeinen Anatomie des menschlichen Körpers*）。若從再版次數來看，此書並不成功——因為沒有再版。不過，其實是由於市面上出現盜版，再版遂成多餘。這絲毫未損此書對後世的影響力。韋伯後來涉入地方政務，兼顧萊比錫大學與該城市之需。

　　韋伯深信，如果要教導器官，其型態與功能缺一不可，便在解剖學之外無償教授生理學。指導學生練習解剖時，其弟愛德華・弗德里希（Eduard Friedrich）幫了很大的忙；愛德華之後也成為解剖學教授。（老三威廉後來成為威登堡大學的物理教授，與愛德華合著了一本討論人步行機制的書。）

　　　　　　　　　　　　　　　　　　經濟學的決策思想

當時大學的解剖環境十分惡劣，韋伯的描述很清楚：

在一棟小建築裡佔一層和一個閣樓，一間沒暖氣的大廳
做講課之用，同時也存放一部分解剖後的檢體標本；另
一間有暖氣的房間供冬季使用，講課及解剖練習都在此
……標本分散在不同房間……系所沒有自來水，也沒有
排水系統……散發惡臭的液體須以罐子承裝倒在戶外，
增加解剖困難，也引發鄰居反感……在那兼作講課、大
體準備、解剖練習之用的狹窄房間，窗戶僅有三扇……
參加練習的學生中，作業區燈光充足者只有半數……講
課時，許多學生得站在桌上卻仍什麼都看不見。[16]

缺點不僅來自建築本身。有時，欠缺屍首危及教學，講
課因無大體可用必須延宕。萊比錫大學的大體來源多為自殺
者、過世囚徒、貧民、無親無故因意外身亡者。不過，學校
必須與東邊 70 英里（約 112 公里）外的德勒斯登大學競爭。
德勒斯登大學醫學院關門時，大體供應的情況稍有緩解，但
之後再度陷入屍首不足的窘況，因為附近居民打算強制讓自
殺者與赤貧者都入土為安。韋伯強烈反對這個主張，最後終
於說服當局取消這將帶給萊比錫大學嚴重傷害的決定。

將屆 76 歲之際，韋伯提請退休。他仍有餘力操持校務，但想讓後繼者有盡情施展的空間。在這段漫長輝煌的生涯中，他從未停止追求科學上的突破，即使身兼人夫人父、地方議會代表、大學行政人員，以及系上教授。

・韋伯的感知研究・

讀者恐怕不解，這位解剖學教授跟我們要談的有什麼相干。是這樣的，韋伯其中一個感興趣的領域是人的**感官**，這一塊對我們的主題影響深遠。事實證明，他那些實驗得來的研究，支持了白努利提出的財富效用假說！

從研究魚的聽覺開始，這位解剖學與生理學教授一直對知覺感官十分好奇。1846 年，年過五十的他出版了《Der Tastsinn und das Gemeingefühl》一書，講述觸覺和其他感官，這應該是今日他最為人所知的作品。書名不好譯，因為 Gemeingefühl 沒有對應的英文。事實上，這可能是韋伯特別為此書所創之詞，他希望傳達一種全身性的感受（同時間全部感官的總和），而非僅意識到個別感官。韋伯自己建議翻譯成 coenaesthesis（源自希臘文的 kainos，普遍、共有，以及

aesthesis，感覺）。書名比較好的譯法也許是「觸覺感官與整體感受」（the sense of touch and the common sensibility）。此外，彷彿書名還不夠複雜，內文的可親程度根本有待加強。超過八十個單字的句子隨處可見，德語又允許一個字詞包含多個意義，就知道有多難讀了。這本書其實是從韋伯 1834 年出版的著作延伸擴展而來。這本以拉丁文寫成的《論觸覺的精細》（*De subtilitate tactus*）也探討觸覺感官。

這兩本書探討的問題，包含皮膚的神經系統如何影響我們對空間的認知，人類又如何透過肌肉、神經、皮膚，感知重量或溫度的差異。在一個著名的實驗中，韋伯把圓規兩端放在受試者的皮膚上——他有先拿掉尖頭，以免刺傷人——然後問受試者，在沒有看到的情況下，感覺是一下還是兩下。第一次，圓規兩腳非常靠近，感覺合而為一。然後他逐漸拉開圓規兩腳的距離，直到受試者能感受到兩點的碰觸。結果發現，身體的不同部位，反應大不同。指尖與舌尖較大腿或上臂更能區分相近的刺激，前額與手臂介於其間。舌頭跟嘴唇能辨識僅 2 公釐之距的碰觸，大腿肌膚要達 5 公分方能感覺出來。韋伯解釋，這是因為這些身體不同部位的皮膚，**神經末梢分布的密度不同**。他說的沒錯：近期神經科學家發現，較大部分的大腦專門處理機械性受器（mechanoreceptors）較

密集的肌膚部位，而機械性受器就是這類神經末梢。韋伯進行的其他實驗則測試人對不同重量的感受。

就是這些實驗，讓韋伯成為我們討論的主題裡舉足輕重的角色。具體而言，這些實驗證實了白努利一世紀前的臆測，儘管只是屬於理論層面，兩者所處的脈絡也截然不同。韋伯進行多次實驗，把重物擺在身體不同部位，觀察手指、前額、下臂作何反應；讓受試者把手放在桌上或高舉空中，並置重物於其上；利用冷、熱重物進行實驗；同時或連續進行實驗來比較，時間間隔 15 到 100 秒。他也設計方法弄清楚到底感知重量的是肌肉，還是神經。把重物放在手指末兩節，整隻手平放在桌上，確保肌肉都沒用到力。另一方面，讓受試者用一手抓一塊布推到前方，他一邊把重物放到裡面，這麼做則確保受試者只用到肌肉。

韋伯發現，只使用肌肉時，多數人對 78 盎司的重量可辨識出 80 盎司（約 2.4 公斤）。[17] 如果只用觸覺——手掌攤平在桌上，那麼對 15 盎司重量則可辨識出 14.5 盎司（略少於半公斤）。於是，他深入研究他所謂的「kleinste Verschiedenheit」——最小可覺差（JND，just noticeable difference）。與我們最相關的那一章標題為：「論我們能以觸覺分辨之重量、以視覺分辨之長度、以聽覺分辨之音調中最小的差異」。[18] 韋伯並未就此罷手。他也研究了

經濟學的決策思想

一般人辨識光線亮度、表面光滑度、物質硬度及溫度的能力。[19]他還提及了嗅覺，雖說無法以特定尺度量化其差異。

韋伯發現，一般人判斷重量的能力有好有壞，端看用到身體的哪個部位。手指——這是他研究到較敏感的部位——能識出 3% 到 4% 的重量差異。若重物放在額頭，受試者可識出約 6.5% 差異。但如果放在上臂中間，受測者便無法區分 10% 以內的不同。在目測紙上線條的長度差異方面，關鍵在於測試的間隔時間。若短於 3 秒，受試者可辨識約 2.5% 的差別；間隔 30 秒，線條之間的差異至少要有 5%；間隔 70 秒以上，即便差別達 10% 也無法判斷。

然而，我們並不在意那些實際的數值結果，或那無數實驗的複雜度，像是不同重量是同時置於兩手還是連續置於同一隻手、同溫度的鐵棒是否感覺比木棒冷等等。我們在乎的是，韋伯了解到，最小可覺差不可表示為公克或盎司、毫米或幾分之幾英吋、攝氏或華氏幾度。[20] 額外重量、長度或音高的**絕對值並不重要，關鍵在於和初始值的相對變化**。最初的重量愈重、長度愈長、音調愈高，增加的重量、長度、音調就得愈大，一般人才能辨識得出最小可覺差。因此，要正確描述最小可覺差，**百分比**是唯一方法。

區分差異得靠比例，而非確切測量到的數據，韋伯將這

項事實形容成「極有趣的心理現象」。「我已證明，不管重量是幾盎司或幾洛茨（lot）[21]，人都可以正確判斷，」他寫道，「重點不在於額外增加了幾公克，而在於增加的重量是比較對象的三十分之一或是五十分之一。比較兩條線之長與兩階音之差，也是同樣情形。」

現在回想一下，一位街友會因為一塊錢對你感謝再三，一位大富翁則可能要十萬倍才會有感。韋伯以實驗證明——儘管身處的脈絡截然不同——白努利（與前輩克拉瑪）的方向正確。於是我們可以認定，**人們對財富增加的感知，如同對重量增加的感知，取決於原有的水準。**

·費希納其人其事·

韋伯的想法最終由古斯塔夫·西奧多·費希納（圖 3.4）承襲。費希納曾是他在萊比錫大學的學生，後來成為同事，小他 6 歲，出身清寒，5 歲時身為牧師的父親過世，母親獨自養大五個孩子，也是牧師的舅舅稍有幫忙。高中成績優異的費西納決定從醫，進入位於德勒斯登的大學就讀，一學期後轉至萊比錫大學，此後直到離世的 70 年間未再離開。

經濟學的決策思想

費希納唸得並不起勁，唯一令他感興趣的只有代數與韋伯的生理學。他根本沒出席課堂或實驗操作，光靠自己念書便過了病理學與治療學，這充分說明了德國十九世紀醫學教育的可悲狀況。那時，他了解自己不適合從醫。始終錦囊羞澀的他，藉私人授課與文學寫作增加收入，同時也譯寫物理化學的教科書、在大學講課，並自己研究電動力學。其中多項實驗成果，尤其就歐姆定律的深入探索，對十九世紀物理學貢獻匪淺。1831 年，費希納被升為物理學教授。

在大學任教期間，費希納寫成了三卷有關實驗物理學的教科書《實驗物理學大全》（*Repertorium der Experimentalphysik*），並擔任《藥學總覽》（*Pharmaceutisches Centralblatt*）的編輯，這份雙週刊物讓藥理學家及藥劑師了解德、法、英、義、荷最新的研究成果。但這些出版品皆針對專業讀者，財務收入並不理想。為了從一般大眾賺進較多收入，他編纂出八冊的《家庭百科全書：家庭實用生活知識手冊》（*Das Hauslexikon*），由布萊得可夫與哈特爾公司（Breitkopf & Härtel）於 1834 至 1838 年間出版，他極為努力地貢獻出三分之一的詞條。很不幸，期待依然落空。他與出版社都太過謙虛，不敢自吹自擂而僅靠口碑行銷，結果不難想見：這部百科依然只是小眾作品。

而工作量已累積過度——他從未停止出版科學文章及小說，多年辛勤不輟，壓力終於擊倒他。原本因為視覺實驗——其中包括透過有色鏡片觀測太陽——早已備受眼疾之苦的他，此時神經衰弱。擔心失明的恐懼令他陷入重度憂鬱，拒絕進食，息交絕游。多虧妻子克拉拉（Clara）的深情照護，他才終於走出絕望的深淵。

　　恢復健康後，費希納結交許多同他一樣年輕時前途未卜、後來成為學者的朋友，經常聚談哲學、科學、時事。費希納外表絲毫不像聚會的焦點：童山濯濯薄唇緊閉，稀疏毛髮垂掛肩上，嘴角下拉，鼻上架著金絲眼鏡，怎麼看也不像是個討人喜歡的靈魂人物。然而外表欺人，這位其貌不揚的教授其實幽默感奇佳，從他以「米舍斯博士」（Dr. Mises）為名出版的幾本小冊足以窺見。這些看上去是科學論述的文字中，幽默與銳利的嘲諷顯而易見。話說回來，這些冊子並不只為了賺錢或取悅朋友，還揭示了令人驚艷的世界觀。

　　令人意外地，這位專攻醫學及物理的學生有段期間極為認同一門哲學流派，這個思想雖然在十八、九世紀的德國頗受某些圈子歡迎，此時卻遭多數科學家唾棄。至於自己怎麼會採信如此充滿爭議的觀點，費希納這樣描述：「藉由醫學研究，我曾經成為徹底的無神論者，完全遠離宗教觀念，」

圖 3.4：古斯塔夫・西奧多・費希納

來源：維基共享資源

他說，「我曾認為這個世界純粹是機械性組裝。」[22] 但之後他接觸到了德國博物學家羅倫茲・歐肯（Lorenz Oken）的自然哲學（Naturphilosophie），自然哲學對自然界有一套浪漫、揣測的哲思，認為生命無所不在，遍及萬物。在歐肯一派的眼中，整個世界每個部分皆具生機、擁有意識，不僅人類，動植物亦如是，甚至諸行星、宇宙本身也各有生命靈魂。

　　這般恢宏、一統的世界觀吸引了費希納，但卻與那機械性的觀點大相徑庭。他或許因此隱瞞了自己的信仰，只在幽默小品中隱約提及。隨著他深入理解，也漸漸對這套哲思感到失望。他自問，歐肯的揣想是否有發現科學定律的空間。而他必須承認，答案是否定的；歐肯之道並非科學求知之道。他對自然哲學的親近就此告一個段落。

・身體與心智的數學關係・

　　但費希納始終對人類**身體與心靈的關係**很感興趣，他（還在唸書時）耳聞校內生理學大師韋伯從事的實驗，立刻深受吸引。就他看來，韋伯的研究如此迷人，原因之一是因為這個概念：**定量關係能決定感知，由此建立了身體與心智的關**

　　　　　　　　　　　　　　　　　　　　　　經濟學的決策思想

聯。肢體感知與肢體感知進入意識，這兩者**存有數學關係**，使身心問題可從科學切入。1860 年，費希納的著作《心理物理學綱要》（*Elemente der Psychophysik*）由朋友，布萊得可夫與哈特爾出版社的赫曼・哈特爾（Hermann Härtel）出版。這本書的問世顯示了心理學已進展為一門科學。[23] 此後，不能再把心理學視為一連串的哲學思辨而已。

在這本曠世巨作的序言中，費希納將心理物理學定義為「身心關係的精確理論」。關於「精確」一詞，他解釋，意味著這套理論不能只包含學者自認為合理的哲學「洞察」，而是得構築在確實的實驗上，得到必要的測量結果。費希納舉韋伯的實驗為例，並稱他為「心理物理學之父」。[24] 費希納繼續說，這套理論的數學基礎也同等重要。

費希納就韋伯與其他科學家和自己所做的實驗，探究亮度、長度、重量、音量、音高、溫差等刺激裡實際強度與感知強度之間的關係。而韋伯定律雖提及最小可覺差，費希納的研究更提供一個涵蓋整個強度範圍的**實際模型**。舉例來說，假設韋伯發現，當重量為 20 盎司，最小可覺差是 1 盎司；重量 40 盎司的最小可覺差則為 2 盎司：

JND（最小可覺差）= 1/20 = 2/40 = . . . = 常數

費希納把韋伯的觀察轉為數學模型。以 $dP(W)$ 表示重量感知的最小可覺差，Q 表示重量本身，dQ 表示增加的重量，於是

$$dP(W) = k \cdot dQ/Q$$

結合兩邊，他得到以下重量感知的等式：

$$P(Q) = k \cdot 對數\ (Q) + 常數$$

根據他們的實驗與模型，韋伯與費希納建立出：一個外來刺激的感知強度，與實際強度的對數成比例。把這個公式與白努利的額外財富效用 $dU(W)$ 公式（見第一章）比較，

$$dU(W) = c \times dW/W$$

財富效用為，

$$U(W) = c \cdot 對數\ (W) + 常數$$

　　　　　　　　　　　　　　　　　經濟學的決策思想

如此這般，費希納為感知所做的，和白努利130年前為財富效用所做的一模一樣。費希納很清楚白努利在這個領域的貢獻。而他是先擬出模型後才發現白努利，或相反，我們不得而知。無論如何，他在《心理物理學綱要》對白努利與拉普拉斯將觀察化為方程式表達讚賞。或許，韋伯與費希納曾想把他們的定律用在對財富的感知上；問題是，欠缺足夠的大富翁受試，他們不可能作出有意義的實驗。[25]

● ○

　　結束本章前，記得我於第二章提到，數學上，在一財富為 X 軸、對應的效用為 Y 軸的圖表上，曲線始終往上升。所以，將效用視為財富的函數，該函數的一階導數始終為正。本章則確立，**效用函數向下彎，意味二階導數始終為負。**

第二部

數學乃
眾學科之后

第四章

邊際學派三巨頭

・新方法與新概念・

　　除了少數幾個例外，像是數學家拉普拉斯和西莫恩・德尼・卜松（Siméon Denis Poisson，1781 － 1840）、喜愛數理的心理學家費希納，並沒什麼人在意丹尼爾・白努利的成就。一個半世紀以來，他那深具開創性的論文依舊沒沒無聞。那也難怪，這篇論文跟論文企圖解決的聖彼得堡悖論一樣，似乎只是賭徒會傷腦筋的問題、數學家的閒暇娛樂。幾乎無人留意到，其實這個問題屬於經濟學範疇。當時，大家並未以數學論述處理這門學問，幾乎都是透過**隨意的記述**、**偶然的觀察**與**來自傳聞、軼事的證據**來研究。用數理處理經濟學問題簡直聞所未聞，直到十九世紀末葉，忽然間有來自不同國家的三個人，以三種不同語言書寫，而且起初幸運地不知道

彼此的存在，萌生完全一樣的念頭：一切經濟事務的決定要素不在金錢，而是效用，並且得仰賴數學解決。這三人是**英國的威廉‧史丹利‧傑文斯**（William Stanley Jevons）、**瑞士的里昂‧瓦拉斯**（Léon Walras），以及**奧地利的卡爾‧孟格爾**（Carl Menger）。

如何決定商品或產品的價格是當時一個最重要的問題。哪些因素決定商品的價值？這會是個問題簡直難以想像，畢竟是我們——人類——共同決定出價格的。是像古典經濟學家亞當‧史密斯及大衛‧李嘉圖（David Ricardo）所認為：投入生產的勞動力決定的嗎？不，例如水的產生毋需勞力，但面臨乾旱，水的可貴勝過鑽石。那麼，稀有性是決定因素嗎？或許；如果鑽石的璀璨迷人未能創造出遠勝其有限供應量的需求，沒人肯付那麼多錢。

十八世紀開始成形的解答是：如克拉瑪及白努利揣度的，大家願掏出多少錢購買一物，取決於其效用。這個概念不容易消化。勞動力顯而易見，但效用是什麼？這令人聯想到，牛頓當年提出是地心引力讓蘋果墜地時，所面臨的艱難處境；一般人能想見被牽繩拉扯的驢——可是，因為地心引力「拉扯」而墜地？效用可說是把一切串連在一起的隱形牽繩。

· 三巨頭第一人：英國的傑文斯 ·

三巨頭之中最知名的或許是傑文斯（圖 4.1），也許純粹是因為他以英文書寫，這是絕對比法文或德文普及的語言。1835 年，傑文斯出生於利物浦，他有個身為販鐵商人的父親。父親對工程、經濟、法律極感興趣，據說曾於 1815 年打造出第一艘於水上航行的鐵造船，還以一本法律小書及一份經濟小冊成為寫作者，儘管名聲一般。很遺憾，這個從斯塔福德郡（Staffordshire）製釘廠發跡的家庭企業後來面臨財務困境。

麻煩不僅來自父親這邊。母親在他 10 歲時過世，傑文斯是她第九個孩子。母親頗有才華，寫詩，出身利物浦望族，她的父親威廉·羅斯科（William Roscoe）是律師也是銀行家[1]，並投身社會改革，致力取消奴隸買賣。不幸地，如此誠實正直的羅斯科家族，外公及父親卻都遭逢破產的命運——前者的銀行在 1816 年遭擠兌，後者於 1848 年碰上金融危機。這些不幸加上父親生意的困局，讓傑文斯很小就體會到市場與經濟的變化莫測。

他還年幼時，母親就會讀《關於金錢的簡易課程》（*Easy Lessons on Money Matters*）給他聽，那是都柏林大主教理查·威特利（Richard Whately）——之前曾是牛津大學政治經濟

學教授——專為學童所寫的書。這可能是傑文斯與經濟學的初次接觸。而儘管父母偏愛法律、經濟、詩作和歷史，他在學校學的卻是數學、生物、化學與冶金。他 15 歲時進入倫敦大學學院就讀，但這首趟學術之路持續不久。家中財務問題迫使他得謀求生計，在父親催促下結束學業，接受澳洲雪梨造幣廠試金師一職。那時雪梨剛獲得製造金鎊（sovereign）【編按：面值為一英鎊的金鑄幣】的資格，這種金幣含有 22 開（carat）【編按：俗稱的 22K 金】的黃金及些許銀與銅。試金師要負責確保各種金屬的含量正確。這個工作機會來自倫敦大學學院一位化學講師的推薦，而傑文斯這名學生在百般不情願之下，踏上三個月的旅程，邁向澳洲。

圖 4.1：威廉・史丹利・傑文斯

來源：維基共享資源

　　　　　　　　　　　　　　　　　　　　　　　經濟學的決策思想

不過，那個職位報酬優渥，工作之餘也有充分時間整理思緒。四年後，傑文斯存夠本回到倫敦，其間遊歷了南美洲、北美洲和西印度群島。父親在他身處遙遠的澳洲時過世。回到倫敦後，他與兄弟姊妹同住。當時 24 歲的他，回到五年前休學的倫敦大學學院，一年內以 11 門學科取得學士學位，兩年後再以邏輯學、哲學、政治經濟學和數學獲得碩士學位，並因為在前三科的傑出表現獲得一枚金牌。

他的首部著作《黃金劇貶及其社會影響》（*A Serious Fall in the Value of Gold ascertained, and its Social effects set forth, with two Diagrams*）於 1863 年出版，反應不佳。傑文斯在一封私人信函寫道：

> 我剛收到這份《黃金劇貶》冊子的帳單，印製、行銷等全部成本一共 43 英鎊，銷售只抵銷掉 10 英鎊。目前似乎只賣出 74 冊，實在非常之少。[2]

他在日記中坦露了自我懷疑：

> 此刻我想我很消沉，因為《黃金》一文已發表，卻未獲任何好評，除了姊姊——當然因為是姊姊才這麼做。萬一我

所做或能做的一切都將只受到這般對待？首先，你會懷疑
對自己的信念是否全是妄想。再者，你至少會明白，連你
最出色的作品恐怕也得不到大眾的認可與讚揚。[3]

在他下一篇談經濟的著作《煤炭問題》（*The Coal Question: An Inquiry concerning the Progress of the Nation and the Probable Exhaustion of our Coal Mines*，1865 年），他認為英國對煤炭的需求應以等比級數增長，方能持續繁榮，保持工業領先。儘管文字無比出色，引人入勝——知名經濟學家凱因斯（Maynard Keynes）後來如此評論——但立論卻不夠充分，預言未曾實現，內容有些言過其辭。但這本小冊子仍使傑文斯躋身夠格評論經濟學與統計學的作者。他的一項觀察後來成為所謂的「**傑文斯悖論**」（Jevons Paradox）：隨著科技進展，能源效益提高，產量相同的情況下所需的能源降低；你遂以為能源需求會減少。然而，傑文斯推測，實情恐怕相反：由於能源（此處指煤炭）更加充裕，價格下滑，導致需求反而增加。

傑文斯實在毋須自我懷疑，因為此時他已聲譽卓著。1866 年，他獲選為歐文斯學院（Owens College）的邏輯、哲學、政治經濟學教授。歐文斯學院為曼徹斯特大學的前

經濟學的決策思想

身。再過幾年，他寫出代表作《科學原理》(*The Principles of Science*)，對邏輯學與統計學貢獻非凡。1876 年，母校倫敦大學學院任命他為政治經濟學教授。

·傑文斯的理論·

傑文斯第一次提到效用概念是在給哥哥赫伯（Herbert）的信裡。赫伯多病，當時在紐西蘭的新南威爾斯銀行（Bank of New South Wales）任職。傑文斯提起經濟學，認為這門理論原理上完全是數學。你能得出定義、公理、定律，就像解決許多幾何問題那般嚴謹。核心公理，傑文斯指出，是「隨著任何物品，例如人得購買的食物，數量持續增加，最後消耗的部分帶來的效用或好處減低。用餐的享受從開始至結束減少，或許便能說明」。[4] 他在 1862 年提交英國科學促進協會（British Association for the Advancement of Science）的論文〈政治經濟學的數學通論〉（A General Mathematical Theory of Political Economy）中，再度提到這個概念；他寫道，整個理論最重要的定律為，**效用（的係數）**是「消耗的**物品總數之大致遞減的函數**」。[5]

讓傑文斯失望的是，不管是首度在科學促進協會發表，或四年後在《皇家統計學會會刊》（*Journal of the Royal Statistical Society*）刊出，這篇文章都沒有引起太多注意。要到 1871 年他的巔峰力作《**政治經濟學理論**》（*The Theory of Political Economy*）問世，大家才開始重視他的想法；也從那時起，經濟學徹底改頭換面。這本巨作於他在世時發行了兩版，第三版由遺孀監管，第四版由兒子主導，之後還有好幾版。本書至今仍未絕版，是公認的經濟學開創性著作。

在第一章開頭，傑文斯提出自身理論發展所依據的兩大原則。不用說，第一個是效用的概念。「反覆地思索與探問，使我得出這可謂空前的想法：**價值全然取決於效用。**」[6] 之所以說空前，因為當時主流看法認為，物品的價值來自生產過程中所需的勞動力。「甚至有人公然宣稱，勞動乃價值的起源，」他憤慨點出，矛頭指向馬克思四年前才出版的《資本論》（*Das Kapital*）。然而，只要仔細分析，了解效用如何隨著某個人擁有某物品的數量多寡而改變，即可「導出令人滿意的交換理論（theory of exchange），再必然得出一般的供需定律」。他不遺餘力地向讀者強調，這個結論絕非倉促做出或思慮不周。事實上，他深思了十年，再三檢視其真偽。這個概念的正確性固若金湯，他再也找不到理由懷疑。

第二個原則關乎**經濟學的一般特質**，或許比端出效用概念還更具顛覆性。傑文斯利用第二個原則與主流的經濟學研究方法劃清界線。當時的研究方法主要是透過陳述事件、提出無確切證據但看似合理的主張、利用軼事傳聞或舉例證明來進行論述。傑文斯明白，要提高經濟學的地位，成為與物理學、天文學一樣的嚴謹科學，就必須採取不同途徑：「很顯然，經濟學若真想成為科學，必然得是一門數理科學。」為了說明這顯而易見的道理，他又補充：「我們這門學科必須是數理性質，純粹是因為經濟學涉及數量。」

　　傑文斯談的可不是簡單的算數——加減乘除，而是更高端的工具，**微分學**。他強調：「沒有微分學的幫助，我們不可能有真正的經濟學理論。」為了逼經濟學者離開舒適圈，傑文斯更祭出嘲諷手段。他們「還可能稱紅光為藍光，奢想這能改變事實」，他嘲弄地寫道，對傳統經濟學者拒絕使用數學符號及論證的情況大加奚落。還不只如此。他提到，即便談論物理或天文，每當科學家試圖繞開數學來向普羅大眾解釋理論時，明顯就能讓人察覺，文字文法的不足，無法釐清複雜的概念與關係。有鑑於此，數學符號「形成完善的語言體系，恰足以描繪我們要表達的概念與關係」。數學的推論與符號不可避免，是研究經濟學不可或缺的工具。

當代同儕抗拒使用數學，除了大多不喜歡數學外，傑文斯還點出另一個原因。經濟學家常把數學工具與精確的科學研究混為一談。他承認，經濟學的資料並不精確，但那不應作為經濟學者避開數學工具的理由。畢竟以天文學而言，星星的位置僅是約略得知；地理學家假設地球是光滑均勻的球體；靜力學假設物體在力的作用下不會壓縮，形狀和大小不會改變。例子不勝枚舉，這些假定的事實都只是**真相的近似值**。傑文斯做出結論：「若物理學家等資料完全正確才用上數學，此刻我們的科學處境大概仍停留在伽利略時期。」

　　為數學及效用聲張之後，傑文斯邁向交換理論。如同往常，他把這個議題重新表達成：**如何透過擁有不同數量的多種物品，把整體效用擴大到極致**。且說大家得決定他們願意拿多少玉米與牛肉來交易。手中擁有的量愈多，額外的玉米與牛肉帶來的效用就減少，在這前提之下，問題就變成：他們會拿多少牛肉來換玉米？

　　假定有兩名商人：牛肉商跟玉米商，各自握有大量商品。一開始，極度渴望牛肉的玉米商願意拿 20 磅玉米換第一磅牛肉。由於牛肉的效用會持續減少，他只會拿 16 磅玉米換第二磅牛肉，14 磅換第三磅，以此類推。起先缺少玉米的牛肉商情況恰好相反，一開始他願意拿很多牛肉來換一些玉米。但

當手中的玉米愈多，他眼中的效用愈低，願意拿來交換更多玉米的牛肉也愈少。這兩名商人來回協商，直到交易不再能提高效用。且說他們願意以 10 磅牛肉換 100 磅玉米，這不僅代表了兩人想交易的總量，也點出了交換率。根據協商結果，玉米的效用是牛肉的十分之一；交換率即 10:1。超過這個交換率，額外 1 磅牛肉替玉米商帶來的效用將降低到 9.5 磅的玉米，但牛肉商不會願意拿 1 磅牛肉換少於 10.5 磅的玉米。

　　經由比較各自的效用，兩人得出供需法則。不僅發現自己願意交易的量，還找出均衡交換率：1 磅牛肉的效用等於 10 磅玉米的效用。傑文斯於是這樣結論：兩個商人都得「從最後一筆增量得到完全相等的效用，否則繼續交易才符合自己的利益，不管換更多或更少」。這句話的重點在於**最後增量**。這和一開始玉米商願以 20 磅玉米來換第一磅牛肉毫無干係；兩人願意交換的最後那幾磅牛肉玉米所帶來的效用，才是關鍵。其實不只是「最後幾磅」，「最後增量」的意思要更精確。嚴格來說，「最後」是指：**交易的最後一磅中最後一盎司裡最後那一部分**。因此，「邊際效用」（marginal utility）是指在決定是否交易的邊緣，那**無盡小的量**所帶來的效用。而這無盡小，正是微分學──傑文斯跟著牛頓的說法，稱之為「流數術」（fluxional calculus）──使得上力之處。

當然，《政治經濟學理論》還有更多內容，有專門討論勞動力、租金、資本章節的，也有更多應用微分的案例。

● ○

1882 年 8 月 13 日，就在傑文斯 47 歲生日前幾週，他這一生就這麼提早結束了。那個夏天，他帶著家人來到英格蘭南部的哈斯汀（Hastings）渡假。那個週日早上跟妻小漫步沙灘時，他說他想游個泳，妻子試圖阻止，因為當地人說這海岸危險不宜游泳，傑文斯卻很堅持，他離開家人逕自回到度假小屋，顯然是要換裝。11 點出頭，四個男孩奔向一個路人，哭喊說有人溺水，路人跑去男孩所指之處一看，海上飄著一具浮屍，距離岸邊約 40 碼（約 37 公尺）。傑文斯是游泳好手，但正值退潮，冰冷的海水帶他出海，葬送了性命。

這個家族悲劇不斷。傑文斯的母親僅 50 歲就過世。她走了以後，長子羅斯科（Rosco）16 歲發了瘋，40 歲離世。沒過多久，妹妹亨麗埃塔（Henrietta）也精神失常，在紐西蘭的哥哥赫伯 42 歲過世。前面也提過，傑文斯的父親在他遠在澳洲時撒手人世。

· 三巨頭第二人：法國的瓦拉斯 ·

傑文斯不曉得（至少一開始時），歐洲大陸另一頭，某人也在研究同樣的問題。生於 1834 年的法國人瓦拉斯（圖4.2），較傑文斯長一歲。其父奧古斯特·瓦拉斯（Auguste Walras）生於 1801 年，曾是法國最富盛名的高等教育機構巴黎高等師範學院（Ecole Normale Supérieure de Paris）的高材生。如同大多數校友，自學基礎經濟學的奧古斯特懷抱滿腔學術熱忱，想進入學術界。他的確曾短暫在法國北方的埃夫勒大學（University of Évreux）擔任講師，教授哲學。但必要的下一步，也就是到法國中心的主要幾所大學任教——始終與他無緣。一個原因是，奧古斯特迎娶當地人士之女時，答應岳父母不會把妻子帶離埃夫勒；另一個原因是，經濟學領域的學術職位通常不會給科學背景的人，而是給有社會地位或特定關係的政商人士。

兩個條件都不具備，奧古斯特只有放棄輝煌的學術生涯，擔任地方上一所學校的校長，科學活動侷限於撰寫經濟學方面的文章，眼睜睜看著以前的同學積累學術光環，像安東尼·古諾（Antoine Cournot）（稍後將有更多著墨）。直到晚年，在無法取得國家博士（State Doctorate，在法國大學任教的資

格）後，奧古斯特才終於獲得教授職位，能如此，完全歸功於他出版的論文。他任教於康城大學（University of Caen），也位於法國北邊，離學術中心很遠。即便在那裡，這位思想自由的科學人很快與經營這所學校、無知的神職人員與牧師產生衝突。但他還是克盡職守，做好身為教授與行政人員的工作。有一天，一封公文寄到家裡，奧古斯特盼望的是，國家因為他傑出的貢獻授與他榮譽軍團勳章（Légion）。真是大錯特錯。拆開信封的紅色封蠟後，奧古斯特看到實際內容，那是一封解僱信，他名譽掃地地離開校園。

1866 年逝世前，奧古斯特持續書寫、出版、演說，但回首一生只有錯過的職涯。（在他死後，醫師稱他死於心碎。）1908 年，瓦拉斯逮到機會與父親的宿敵算舊帳，出版父親的傳記以茲紀念。到頭來，奧古斯特對經濟學最大的貢獻是將畢生熱情傳給了兒子瓦拉斯。

瓦拉斯年輕時不確定該走科學還是文學之路。他高中修習了數學和文學，但設法進入法國最好的工程學校巴黎綜合理工學院（École Polytechnique）時卻落榜了……兩次。不過這番努力多少有點成果。準備重考時，可能是應父親的要求，瓦拉斯研讀了父親的同學安東尼・古諾 1838 年出版的著作《財富理論的數學原理研究》（*Recherches sur les principes*

——————————— 經濟學的決策思想

圖 4.2：里昂・瓦拉斯

來源：維基共享資源

mathématiques de la théorie des richesses）。這是他首次接觸**數理經濟**。進不了綜合理工學院，瓦拉斯唸了培育採礦工程師的高等礦業學院（École des Mines）。

　　但他對這個未來沒什麼興趣，文學野心再起。由於對 1848 年二月革命的失敗深感失望——取代路易－菲利普國王（Louis-Philippe）的總統路易・波拿巴（Louis Bonaparte）沒過多久便建立專制政權，自己當上皇帝，號稱拿破崙三世——瓦拉斯打算寫社會批判小說來實現理想。1858 年，24 歲的他出版了第一本嘗試之作《弗朗西斯・索沃爾》（*Francis Sauveur*）。這時，父親介入了。身為「非常資產階級、非常體面、非常天主教、非常保皇」[7] 的家庭裡的好兒子，瓦拉斯很崇拜父親。他身上不見一絲對父親的反感或反抗，只要父親開口，他絕對照做。但奧古斯特這經驗老到的校長與老師，並不打算強加自己的意志於兒子身上，而是訴諸講道理。某日兩人漫步鄉間，他向兒子點出，關心社會、滿腹理想的作者到處都是，而這個世界真正缺少的是社會科學家。瓦拉斯恍然大悟，當場承諾放下文學，投身經濟學研究。

　　但他得謀生，便先當記者，前後為《經濟學者期刊》（*Journal des économistes*）、小報《新聞報》（*La Presse*）撰寫經濟主題的文章。收入微薄，卻也夠他與一位名叫瑟麗絲

　　　　　　　　　　　　　　　　　　　　經濟學的決策思想

汀－艾琳・費爾芭（Célestine-Aline Ferbach）的女士成家。費爾芭是單親媽媽，瓦拉斯在兩人婚後領養了她的兒子。她和瓦拉斯生了個女兒，取名為瑪莉－艾琳（Marie-Aline）。

瓦拉斯不願節制自己的社會主義傾向，結果在《新聞報》待不到一年。例如，他在一篇分為兩輯、刊於 1860 年 10 月的報導，將巴黎市高昂的房租及生活成本歸咎於這座首都大部分的奢華居民。他嚴詞猛攻自己眼中的這股邪惡，宣稱「這誇張奢華的貧瘠」導致了煙火與珠寶的生產，而非糧食與衣服的製造。[8] 這類批判性的文章沒讓報紙的保守派讀者產生好感，他的改革思維也惹惱了老闆。瓦拉斯很快遭到解僱，之後在法國北方鐵路公司（Chemins de fer du Nord）找到工作，收入穩定但極為忙碌，使他沒空做科學研究。

三年後，他辭去鐵路工作，在一家金融機構擔任管理職，該機構的名稱很有趣，就叫做「全國消費、生產、信貸協會之折扣銀行」（Caisse d'escompte des associations populaires de consommation, de production et de crédit），是其中一間為了融資給小型企業所成立的銀行。表面看來，進入金融業似乎較符合瓦拉斯對經濟學的興趣，他、母親與妹妹甚至還投資了這間銀行。唉，結果銀行破產，他丟了工作，家人損失錢財。之後瓦拉斯解釋，導致這間銀行破產的原因之一，是因

為那些面對潛在借款人的行員太嫩，太容易在沒有擔保的情況下提供貸款。「真正的銀行家，」他寫道，「會告訴自己：『這生意失敗風險太大，我不接。』」[9]

瓦拉斯現在既失業又負債，幸好他在這間銀行任職時，約瑟夫・霍蘭德（Joseph Hollander）注意到他。霍蘭德是這家銀行的外部監督人之一，他在自己的私人銀行——崔霍銀行（Trivulzi, Hollander, and Cie）替瓦拉斯安排了一個職位。瓦拉斯此時 36 歲。

一年半後，真正的轉機出現了。1860 年，他在一個國際會議上發表以課稅為主題的演說，會議於瑞士日內瓦湖畔的洛桑舉辦。他以稅收促進社會正義的論點引起廣泛關注，瑞士公共教育委員會（Swiss Council of Public Education）推薦他至洛桑學院（Academy of Lausanne，如今的洛桑大學）任教。當下沒發生什麼事，但十年後，時任沃州（Canton of Vaud）議員、之後出任瑞士聯邦主席的路易斯・盧徹涅特（Louis Ruchonnet）還記得他。

州官員決定在洛桑學院法律系開出一席政治經濟學教授職。在盧徹涅特催促下，他們邀請瓦拉斯申請。這不是個容易的決定，因為他得放棄銀行的職位，但萬一洛桑這邊不成，就兩邊落空，完全失業。不過他毫不猶豫，眼前擺著實

_____ 經濟學的決策思想

現終生願望的契機。他準備了各項出版論文及數理經濟的教學規劃，提交給審查小組：3 位支持他的公眾人物與 4 位教授——其中 3 位反對到底，但第四位教授亨利·達美（Henri Dameth），日內瓦大學（University of Geneva）一位思想開放的經濟學者，投出決定性的一票。他跟同事一樣不同意瓦拉斯的觀點，但儘管有所保留，他堅信為了科學發展，應該傳授瓦拉斯的思想。就這樣，4 票對 3 票，瓦拉斯獲得任命。但因學校教授對他的社會主義傾向仍有疑慮，起先只以不佔缺的教授聘用，且任期只有一年。還好，在那年結束前，瓦拉斯順利轉成終身正教授職。

但還有一重障礙。他拿到教職的 1870 年 12 月正是普法戰爭如火如荼之時。所有 20 至 40 歲、體能合乎條件的法國男子都得向當局登記，確保隨時可以從軍。為取得旅行證件，瓦拉斯現身警察總部，由兩位昔日同窗的市議員陪同，擔保瓦拉斯若被徵召就會回法國。現在他終於可以動身了。

他的就職演說充滿不確定感。「今天應當是我此生最快樂的日子，」他口氣憂惶，談到擔心自己無法長久在此，因為可能得返國從軍，「也許過幾天我就得離開今天才上任的職位。萬一如此，請懷抱同情與慈悲地記得我。」[10] 但命運對他很仁慈。戰爭過去，他任洛桑政治經濟學教職 22 年。

·瓦拉斯的理論·

瓦拉斯最重要的著作，《**純政治經濟學，或社會財富理論的要素**》（*Éléments d'Économie Politique Pure, ou Théorie de la Richesse Sociale*，以下簡稱《純政治經濟學的要素》）首度出版於 1874 年與 1877 年，分上下兩卷。1889、1896、1990 年又再版了三次，瓦拉斯死後繼續再版了幾次。這本被視為經濟學思想史的經典作品包含豐富的想法、概念，但由於我們感興趣的部分相當明確，我只提眾人眼中他最偉大的成就——**一般均衡理論**（general equilibrium theory）。

這個理論主張，**透過商業貿易，所有商品市場終將結清，也就是市場價格自會達到商品的供給量與需求量相等的價格**。瓦拉斯給出數學證明，以系統方程式代表供給和需求，價格是未知變數。經由計算這些等式與變數，他證明這個系統原則上可解，意味能解開這些等式的價格的確存在，市場可以結清。然而這些價格如何達到，這個問題依然存在。瓦拉斯主張，會出現一種商品，即所謂「**計價標準**」（numéraire），可作為所有市場的共同分母，所有價格將依此計價標準表示，這個標準當然就是我們所知的**金錢**。接著，再透過一連串瓦拉斯稱為「**摸索**」（tâtonnement）**的動態過**

　　　　　　　　　　　　　　　　　　經濟學的決策思想

程，交易者經由反覆試驗達到正確價格。幾輪的調整再微調之後，價格朝那個能結清市場的價值擺盪起伏而去。

瓦拉斯在這個理論中，對主題的數學處理極為關鍵。他父親奧古斯特受古諾影響，早在 1830 年代就鼓吹以這個方式研究經濟學。古諾的《財富理論的數學原理研究》可說是第一部將數學引進經濟學研究的出版品。古諾的「數學」，指的不只是計算所用的符號與算術，而是數學本身科學的精確與嚴格的邏輯，可藉此找出各個變數之間隱藏的關聯。套他的話說，就是「精通數學分析的人知道，〔數學〕不只用於計算數值大小；也用於找出變數之間的關係……〔與〕函數」。[11]

建構一套經濟學的數學理論，瓦拉斯有這念頭很多年了。在他最初寄給洛桑學院的信中，他就表示準備把政治經濟學置於數學基礎上。兌現諾言，此其時也。遺憾的是，這番努力多少被他父親充其量只能算半嚴謹的定義所破壞，因為他謹遵這些定義（或至少他不想推翻，也許出於孝心）。舉例來說，老瓦拉斯曾用「**稀有性**」（rareté，稀疏或罕見）這模稜兩可的詞，來定義小瓦拉斯清楚闡明的邊際效用。那是「須以特定數量來滿足對既有物品之需求的心理強度」，他在《純政治經濟學的要素》第一版以迂迴費解的方式寫道。[12] 他的意思是，當某人擁有，比方說 30 磅的某樣東西，「稀有性」

便指第 30 磅帶給此人的效用。在 1874 年刊載於《經濟學者期刊》的論文〈數學交換理論原理〉（Principe d'une théorie mathématique de l'échange）中，瓦拉斯解釋得更加明確。他強調，「這個稀有性，是就既有數量而言，有效效用之導數；正如我們對速率的定義是：就某段時間而言，在這段時間內移動距離之導數。」[13] 瞧！登場了——邊際效用的數學定義。

對瓦拉斯而言，物品的邊際效用隨著數量增加而遞減似乎是明擺著的事實，所以他在《純政治經濟學的要素》第一版只是隨意帶過。他說，物品超過某個數量，消費者就不想再擁有，即便物品的價格為零，因為到了那個點，他們的慾望都已被滿足。換言之，隨著物品數量增加，效用便往零趨近。效用正是需求曲線隨著價格上升而下彎的背後原因，指出這點後，他說：「我再說一次，稀有性隨著持有的物品數量減少而增加，我們必須接受這個事實。」[14] 他便這般確立了這個令人熟悉的原則，雖然與我們習慣描述的方向相反。他確實也補充了一句「反之亦然」，於是他的說法聽來更加熟悉：隨著數量增加，邊際效用遞減。十五年後在第二版中，他討論到累積物品時講得更加明確：「其後每個增加的單位……從滿足他最強烈渴望的第一單位，到滿足感升起的最後一單位，他感受到的效用逐步減少。」[15]

瓦拉斯的《純政治經濟學的要素》沒提到白努利,但他一定知道後者寫於 150 年前的論文。他的交換理論即根據此理:大家追求最大效用,而效用隨著物品持有量增加而減少。且說一名商人想以肉換大麥,而只要肉的邊際效用低於大麥的邊際效用乘上大麥的價格(價格以物品單位表示),他就會持續這麼做。

　　讓我舉例說明。假設 1 磅肉的市價等於 8 磅大麥。一開始,商人持有很多的肉、沒有大麥,所以他對後者的胃口很大(邊際效用高),而對肉的需求已被滿足(邊際效用低)。於是,他會買大麥,效用的總和多少會增加。實際上,只要肉的邊際效用低於大麥邊際效用的 8 倍,他就會一直購買大麥,而他的總效用會持續增加。這個過程會結束嗎?會,因為瓦拉斯理論的核心就是邊際效用遞減原理。在這筆交易的過程中,商人手裡的肉逐漸減少,於是邊際效用增加;大麥愈來愈多,於是邊際效用滑落。然後,一定會在某個時刻,肉的邊際效用上升與大麥的邊際效用下降到兩者剛好呈 8:1 這個比例。此時商人的效用達到最大,停止交易。

　　同樣的道理適用於生產物品用的原料。例如,即便製造第一片與最後一片巧克力餅乾需要同等數量的巧克力,巧克力對製造商的效用並非恆久不變。他生產的餅乾愈多,價格

就愈便宜，結果巧克力的邊際效用便跟著減少。於是他會拿巧克力去換麵粉之類的其他東西，只要總效用提高就會這麼做。等兩者邊際效用來到交換率的比例，就不再交易。

·瓦拉斯遇上傑文斯：優先權落誰家？·

瓦拉斯知道，推出代表作之前還有很多功課要做。同時，他想讓有興趣的大眾知道他的發現，並想盡快樹立學術優先權【編按：領先宣告自己的學術成就，以免他人重複研究或搶先發表】——這件事至少對他也一樣重要。他將那篇刊在《經濟學者期刊》、談數理經濟學的論文複本，寄給國外的經濟學者，其中包括英國的傑文斯。瓦拉斯聽過這位曼徹斯特的教授，認為他是一位把數學用於統計的數學家，把數學用在經濟學上想必他也會感興趣。於是在 1873 年 5 月 1 日，他寄去了一份。

過沒幾天，傳來了令人錯愕的壞消息。荷蘭萊頓大學（Leiden University）一位敏銳的 24 歲法律系學生約翰・德布魯耶（Johan d'Aulnis de Bourouill），剛好讀到期刊上的這篇文章，他印象非常深刻，但覺得瓦拉斯用數學工具解決經濟問題的方式似乎有點熟悉，好像在哪裡讀過類似的東西。5 月

4 日，他寫給這位洛桑教授，跟他提起一位叫做史丹利・傑文斯的英國人兩年前出版的書：《政治經濟學理論》。

　　這對瓦拉斯是一記重擊。他在這裡獨自耕耘著自以為是破天荒的理論，英國那兒卻有人早已釐清一切。想奪下優先權的希望完全粉碎。不到一個禮拜，仍舊傷痛不已的他收到傑文斯的感謝函，郵戳顯示 5 月 12 日寄自曼徹斯特。此信證實了他最深的恐懼，德布魯耶告訴他的全是真的。傑文斯對他表示讚賞，儘管帶著一絲高傲；不痛不癢地稱許瓦拉斯的研究，主要卻在表彰自己。「我想，你會發現你的理論與我的大為相似，具體證實了我的論述，」傑文斯表示，隨即又擺出高人一等的姿態寫道：「眼前你這份著作十分令人滿意，因為這篇論文可說是證實了我對這個理論的信心。」為了避免瓦拉斯說他幾年前就投入研究，傑文斯強調他更早就已開始：「我對這個數學理論的所有主要觀點，早在 1862 年就瞭然於心，當時我寫了一篇簡短的論文，在英國科學促進協會的會議中公開發表。」[16]

　　傑文斯說得當然沒錯。短短幾年中，他跟瓦拉斯想出一樣的理論——傑文斯率先提出，他在洛桑的同事居次。「你稱作物品稀有性（rarety of commodity）的東西，顯然正是我先稱作效用係數（coefficient of utility），後來稱為效用等級

（degree of utility）的東西；而效用等級，就如我解釋過的，就是被視為物品數量函數的效用微分係數。」結束前，傑文斯直指核心。無異於在瓦拉斯的傷口灑鹽，他寫說瓦拉斯的論文「恐將引起大眾對此出版品原創性及優先權之誤解。因此，如果您能慷慨告知是否熟悉我的論著，或是否需要我寄給您一本《政治經濟學理論》，我將非常感激」。[17]

　　瓦拉斯簡直絕望。懊惱之餘，他於 5 月 23 日覆信。他溫順地說著兩人的研究竟然如此相似，並絕望地試圖找出些許差異——如果內容主旨沒有差別，至少切入手法多少有些不同。接著他用很長的篇幅說明自己的研究如何展開。他強調，自己唯一的靈感來源是父親與古諾。他引述父親 1831 年說的話「政治科學乃是數學科學」[18]，提到自己如何拿速率、時間、距離，類比稀有性、數量、效用，也提及古諾 1838 年的著作。他表明自己是從 1860 年開始思索這些問題，但因生計問題不得不中斷，十年後才得以繼續。他詳盡回顧自己公開研究發現的時機與方式，驕傲地點出他的觀念在義大利得到何等迴響。他保證只要時機恰當，必向眾人介紹傑文斯的研究；最後怯怯地懇求傑文斯也向學生及讀者介紹自己。

　　這些溫文有禮的字句背後是個失望至極的人。他最深沉的情緒終於在兩個月後、在另一封給傑文斯的信中顯現：「我

不假裝自己超越人性的脆弱。我向您坦承，失去優先權的當下，我非常沮喪。」但令人敬佩地，他不失優雅，沉著地說：「一個人不得不屈服之時，仍可保有風度。」[19]

實際上，他唯一能做的就是盡快付印。他決定分成兩個部分，涵蓋邊際效用遞減理論的第一部分才不用等到一切就緒才問世。《純政治經濟學的要素》第一卷於 1874 年出版，較傑文斯的《政治經濟學理論》晚三年，內容包含廣義的邊際理論，橫跨整個經濟體系（即消費、生產、交換）。三年後出版的第二卷包含更多探究生產、資本與信貸、關稅與稅負的理論。

傑文斯也很在意優先權。在 1879 年問世的第二版《政治經濟學理論》的序言中，他有禮卻略帶輕蔑地強調瓦拉斯的作品很重要，「不僅因為這些著作補足且證實了在此之前出版於別處的研究⋯⋯也因為這些著作的內容重複發現了這套理論裡的諸多原則，算是第三或第四個獨立但重複的發現（independent discovery）⋯⋯約有四名或更多各自進行研究的作者⋯⋯以各自的方式發展出如此雷同的基礎經濟看法，暫且不說這些看法幾乎確立，至少極可能是正確的」。傑文斯所謂「各自進行研究的作者」，不僅指自己，也包括其他幾位做出突破性研究但默默無聞的學者，我們在下一章會談

及。傑文斯寫完前述的內容後，在序言後面的段落中又表示：「要依據本書這些提到的基礎原則發展出一套完整的體系，必然耗時費力；如果真有機會，我不知道自己何時能夠完成。」[20]【編按：在這句話之前，傑文斯提醒讀者，自己尚未在書裡提出經濟學的系統性觀點，只提到基本原則】這段話嚴重刺痛瓦拉斯。他覺得傑文斯故意（且不公道地）漠視自己的成就——畢竟，他已經發展出一套完整的體系。

● ○

很遺憾，瓦拉斯在洛桑大學的收入始終不夠用，財務問題一直令他頭痛。放棄巴黎崔霍銀行的職位時，他的年薪從 4000 法郎降到 3600 法郎，這是當時洛桑教授的公定薪水。前一份工作的薪資不足以讓他存到錢，他還必須先向大學預支薪水，才能踏上旅程到洛桑大學任教。那時，他甚至無法負擔家人來洛桑的旅費，他們得先留在法國一段時間。身為教授，他得花大把銀兩出版、寄發論文，妻子重病更讓經濟負擔雪上加霜——1879 年她撒手人寰，享年 45 歲。為了增加收入，瓦拉斯增加授課，為《洛桑日報》（*Gazette de Lausanne*）撰文，擔任瑞士保險（La Suisse）公司的顧問。

經濟學的決策思想

1884 年他再婚，第二任妻子李歐妮・德希黎・美莉（Léonide Désirée Mailly）50 歲，經濟寬裕。加上瓦拉斯母親留下一筆可觀的遺產，他終於擺脫財務困擾。但長久以來的經濟壓力使他精神耗弱，1892 年 58 歲時，提前退休。留下的席位由優秀的義大利人維弗雷多・帕雷托（Vilfredo Pareto）接替，應該讓他離開得比較安心。

但瓦拉斯的研究並未因退休停止，反倒更加勤奮。《社會經濟學研究》（*Études d'économie sociale*）於 1896 年問世，《應用政治經濟學研究》（*Études d'économie politique appliquée*）出版於 1898 年。1900 年，第二任妻子離世，他與女兒瑪莉—艾琳一起搬到瑞士蒙特勒（Montreux）附近的小城克拉倫斯（Clarens），研究不輟。1905 年，他突發奇想。十年前，阿佛烈・諾貝爾成立諾貝爾基金會，第一屆諾貝爾獎於 1901 年頒發，和平獎由紅十字創辦人及一些和平主義者獲得，包括好幾位瑞士人。瓦拉斯自認有獲頒和平獎的資格。為什麼不能用經濟學促進世界和平？

諾貝爾委員會的細則明確規定，候選人不可提名自己。瓦拉斯便拉攏洛桑大學三位同事寫推薦信。為確保他對促進世界和平的觀點有正確傳達，他自己還寫了份備忘錄，隨信附上。他的主張是，取消稅收與關稅將鼓勵跨國自由貿易，

跨國自由貿易將促進世界和平；各國政府所需的各項資金，則可透過房地產的所有權和租金取得。

可惜，事與願違。首先，於 1905 年 7 月 20 日寄出的推薦函，抵達時已超過提名截止時間。他的候選資格得推遲到翌年。此外，委員會指派評估提名文件的顧問反應冷淡；他的確肯定瓦拉斯數理經濟學研究的重要性，但對瓦拉斯促進世界和平的主張卻置若罔聞。也許這位顧問是在表達，科學界可能會予以高度關注，卻不足以得到諾貝爾獎。於是，連同其他 27 位，瓦拉斯的提名不予考慮，而 1906 年的諾貝爾和平獎頒給了暱稱泰迪（Teddy）的老羅斯福總統。

瓦拉斯研究生涯最後的巔峰出現在 1909 年 6 月，洛桑大學為他舉辦慶典，表揚他 50 年來推動科學進步的「無私奉獻」。瓦拉斯最後幾年全心整頓、編修自己與父親的作品，期望有朝一日兩人的合輯得以出版。1910 年 1 月 5 日，他以 75 歲高齡逝世。

・三巨頭第三人：奧地利的孟格爾・

　　偶爾，兩名各自努力的思想家會同時發展出同樣的研究成果。英國的牛頓與德國的萊布尼茲發現微積分是一例；達爾文跟華萊士（Alfred Russel Wallace）提出演化論是另外一個例子。經濟學方面，費雪・布萊克（Fischer Black）及麥倫・修斯（Myron Scholes）的兩人小組，與羅伯・莫頓（Robert Merton）同時於 1973 年發展出選擇權定價模型（options pricing model）。[21] 然而，三位來自不同國度、以不同語言執筆、面對不同受眾的學者，竟各自獨立且幾乎同時發現某種重要的基礎，就比較少見。不過這裡正有一例：曼徹斯特的傑文斯、洛桑的瓦拉斯，與我們第三位主角，維也納的孟格爾（圖 4.3），他們都發現數理經濟學的力量，了解到潛藏在經濟決策背後的其實是效用（尤其是邊際效用）。

　　孟格爾小瓦拉斯五歲、小傑文斯六歲。若說傑文斯的舉止透著教授的無趣，瓦拉斯看去是謙謙學者，那麼孟格爾不近人情的作風與自信的言行，則為通常嚴肅正經、說德語的教授增添了不少活力。

　　他的人生起點相當平凡。1840 年出生於低階貴族，三個男孩中排行第二，成長於奧地利帝國加利西亞（Galicia，位

於今日波蘭境內）一處莊園。父親是律師，母親來自波希米亞地區的富商家。在自家的莊園裡，他見證了 1848 年才廢止的農奴制度（這是前述讓瓦拉斯非常失望的 1848 年革命所帶來的少數成就之一）。姓氏為孟格爾·伊勒·馮·沃芬斯古魯恩（Menger Edler von Wolfensgrün）的三兄弟都於維也納大學讀法律。卡爾·孟格爾之後也於現今波蘭克拉科夫的亞捷隆大學（Jagiellonian University）取得法律博士學位，1872 年返回維也納，取得可在大學任教的資格。他的兩位兄弟也都很有名：小一歲的弟弟安東（Anton）是關注社會正義的法律教授，成為狂熱的社會主義者；大兩歲的哥哥麥斯（Max）則進入議會，為小型企業與商人喉舌。

1863 年，還是學生、正為了博士學位努力的孟格爾，開始在《倫貝格日報》（*Amtliche Lemberger Zeitung*）當記者。這是倫貝格（Lemberg，今烏克蘭利沃夫〔Lviv〕的德文名稱）的官方報紙。之後孟格爾到維也納，替政府官報《維也納新聞》（*Wiener Zeitung*）工作。此時，孟格爾隸屬於總理辦公室新聞部，是公務員。他的職責之一包括分析市場、撰寫市場有關的報導，這段經歷深深影響他對經濟的理解。他發現，自己訪談過的專家學者也好，商人及提供商人情報的人也好，都認為造成商品價格波動的因素和古典教科書主張的理由不

圖 4.2：卡爾‧孟格爾

來源：維也納大學檔案（Vienna University Archive）

同。因此他開始研究、思索、寫作，1871 年集結成《國民經濟學原理》（*Grundsätze der Volkswirtschaftslehre*）一書出版。1873 年，年僅 33 歲，孟格爾獲聘擔任維也納大學經濟學理論教授。他仍保留公務員職務，因為三、四十名學生的聽課學費難以支付他的薪資。兩年後的 1875 年，他離開《維也納新聞》，接下一項挑戰性非比尋常的新任務：擔任奧匈帝國王儲魯道夫（Rudolf）的私人教師。

　　歐洲皇室後裔不上公立學校，遂得私下學習。奧地利皇帝暨匈牙利國王法蘭茲・約瑟夫（Franz Josef）規劃讓兒子受傳統軍事教育，將他託付給嚴格——甚至有虐待狂傾向——的里奧坡・葛雷夫・崗地科（Leopold Graf Gondrecourt）將軍。魯道夫這位甫出生即官拜上校的 6 歲男孩，早晨總被槍擊聲喚醒，被迫洗冷水澡，大雨中進行數小時的軍事訓練，夜裡被棄置於森林中。魯道夫生性敏感退縮，那些恐怖的訓練對他的身心造成傷害。更糟的是，魯道夫的母親伊莉莎白皇后（Empress Elisabeth of Austria），世人暱稱茜茜公主（Sisi），為了控制自身的身心症而不斷旅行，並與宮廷及兒子保持一定的距離。

　　但當她聽人密報兒子所受的殘酷對待，便決然要求解僱將軍，堅持給兒子適情適性的教育。大權在握的君王也難以

違抗妻子的最後通牒，無情的將軍因此被趕走，換上較為開明的喬瑟夫・拉圖・馮・騰博（Josef Latour von Thurmburg）將軍——他就是那位吹哨者——負責魯道夫的教育。他聘僱了數十位私人教師，其中不乏著名學者：帝國自然歷史博物館館長的克里斯欽・葛利・斐迪南・李特・馮・哈克斯戴特（Christian Gottlieb Ferdinand Ritter von Hochstetter）、德國鳥類協會主席尤金・斐迪南・馮・赫瑪（Eugen Ferdinand von Homeyer）、卓越的動物學家阿弗烈・布雷姆（Alfred Brehm）；當然，還有維也納大學的政治經濟學教授卡爾・孟格爾。

這段師生關係逐漸發展為深刻的友誼。孟格爾循循善誘，鼓舞王儲發展自由心性，對抗父親的獨裁治理。每週 9 到 14 小時的課程中，這位教授讓王儲領悟到，人民對自身福祉的關切是經濟穩固的基礎。因此，國家須給人民選擇及行動的自由；不能任意取消、替代由個人意願與利益驅動的活動。

一年後，19 歲的王儲與教授展開一趟教育之旅，橫跨歐洲、北非、中東，深入了解各地之間的經濟關係。魯道夫根據中東行寫就的書，旋即為他贏得維也納大學的博士學位。他自己承認，以他那膚淺的遊記當作學歷證明，其實根本無法獲得這個學位。現在，他不僅是一名上校，還是位博士。

另一本有關鳥類的著作則贏得帝國科學院的榮譽會員資格。充斥這類學術研究的兩年過後，王儲的監護人受夠了孟格爾（及其他家教）對喜愛閱讀、研究的魯道夫的影響，法蘭茲·約瑟夫皇帝下令終止私人教師的授課，所有老師遭遣散。此後，魯道夫終日忙著獵鹿、騎馬、育犬、追女人。

這位不幸的年輕人身陷自由本性與父皇保守宮廷政治的衝突裡。他的愛情生活同樣艱辛。他真正愛過的，似乎只有一位動人的波蘭猶太裔女性，但這種背景卻絕對不可能。他被迫迎娶比利時的史蒂芬妮公主（Princess Stephanie of Belgium），連魯道夫的母親都忍不住以「醜駱駝」（hässliches Trampeltier）形容這位媳婦。此後，魯道夫成為花花公子，耽溺於各項皇室娛樂。結局很快到來。1889 年 1 月某個夜裡，在下奧地利邦的梅耶林（Mayerling），他跟 17 歲的情婦瑪麗·薇瑟拉（Mary Vetsera）女爵一同回寢室。第二天早晨，僕從前來喚門但無人回應，只好與魯道夫打獵的友伴強行開門，驚見兩人的屍體。魯道夫開槍射擊情婦的太陽穴，再舉槍自盡。

消息費了一番時間才傳到位在奧地利帝國首都的父母耳中。特使搭著專門列車來到維也納，依照禮節，必須再由特定的宮廷侍女向皇后報告；接著，只有皇后能向皇帝報此

　　　　　　　　　　　　　　　　　　　　　經濟學的決策思想

噩耗，他人不可愈俎代庖。有意思的是，維也納股市卻在幾小時前便已得知魯道夫的死訊，因為梅耶林車站的一名站長拍了電報給內森・邁耶・羅斯柴爾德（Nathaniel Meyer Rothschild），他是羅斯柴爾德銀行的老闆。

魯道夫之死改寫了歷史。他是法蘭茲・約瑟夫的獨子，王位繼承的下一個順位是法蘭茲・約瑟夫的弟弟卡爾・路德維希（Karl Ludwig），他則拋棄繼承讓位給自己的兒子，法蘭茲・斐迪南（Franz Ferdinand）——眾人皆知他於 1914 年遭暗殺，進而引發第一次世界大戰。此外，因為斐迪南的太太並非出身於哈布斯堡王朝認可、門當戶對的家族，他們的子女不具備王位繼承資格。最終由斐迪南的姪子卡爾（Karl）於 1916 年當上卡爾一世，成為奧地利帝國的末代皇帝、匈牙利王國的末代國王，哈布斯堡王朝最後一位王室成員。

孟格爾仍負責教導魯道夫社會與經濟方面的學問時，這位記者出身的老師教學生如何寫社論。後來幾年，這位王儲便在《新維也納日報》（Neue Wiener Tagblatt）匿名發表十幾篇批評宮廷的文章，主要針對父親的施政。這份報紙的編輯莫里斯・塞普斯（Moritz Szeps）與他成為莫逆之交，但因奧地利當時強烈的反猶太氛圍，王儲與這名猶太編輯的友誼必須保密到家。

其中一篇最精彩的論述似乎是由魯道夫與他的老師合寫，名為〈奧地利貴族及其憲政使命：呼籲貴族青年〉（Der österreichische Adel und sein constitutioneller Beruf: Mahnruf an die aristokratische Jugend）。1878 年刊出，作者為「一名奧地利人」，文章嚴厲譴責貴族青年懶散無能、無法完成學業、不願從事有用的工作。這些年輕人毫無參與公職或議會活動的意願，春天時，忙著狩獵、騎馬、訪友；夏天時，無所事事地泡在瑞士，徜徉在奧地利的山間或溫泉；秋天時，致力規劃舞會、派對、戲劇演出；冬天則一一具體實踐這些安排。

　　說到年輕貴族嚴重的無能，這篇匿名文章認為，近來奧地利軍隊慘遭普魯士痛擊，原因出在奧地利貴族之所以被授與軍階（如果他們對此真有興趣），不是因為他們研讀軍事文獻與戰爭藝術有成，而是精於馬術和騎士風度。魯道夫當然知道自己在講什麼；畢竟，他一出世就獲得上校頭銜。我們可以合理推測，這篇社論並非由當時 20 歲的王儲獨立完成，孟格爾也有貢獻。

　　　　　　　　　　　　　　　　　　　　　　經濟學的決策思想

· 孟格爾的理論 ·

再回到孟格爾。1867 年，他得到法學位，同時也為多家報刊撰寫文章，像是《新聞報》（*Die Presse*）、《大使報》（*Botschafter*）、《論報》（*Die Debatte*）、《人民報》（*Allgemeine Volkszeitung*）、他創辦的《維也納日報》（*Wiener Tagblatt*）、《維也納新聞》（*Wiener Zeitung*）及《維也納新報》（*Neue Wiener Zeitung*）。此外，他也一邊努力撰寫《**國民經濟學原理**》（*Grundsätze der Volkswirtschaftslehre*）。這本著作與傑文斯的《政治經濟學理論》同年出版，較瓦拉斯的《純政治經濟學的要素》早三年。

孟格爾對專家在市場上交易的手法印象深刻，感嘆以當時經濟學的教導方式，根本無從分析、探索經濟行為的基礎。從業者總是拋開既有的經濟學原理，全靠本能和經驗，這並非出於輕率莽撞或能力不足；他寫道，這些人清楚表現出對現行經濟學理論毫無興趣，必然是因為根本無法從中獲得任何實用知識。

孟格爾在《國民經濟學原理》第一章先討論了**物品成為商品的必備特性**，有 4 個必要條件：（1）人有需求；（2）此物能滿足這項需求；（3）大家知道此物確實能滿足這項需

求；（4）最後，此物能供人使用。條件（2）跟（3）幾乎等於說此物必須替擁有者帶來效用。當然也有例外——有看似商品之物，例如護身符或蛇油，只能滿足想像的需求，或被認為可以滿足某個需求但其實做不到。另一方面，有些商品屬於無形之物，例如版權、專利、商譽、壟斷權。

第二章討論**商品與整體經濟的關係**。大家必須洞悉自己的需求，據此行動，才能發達成功。「野蠻的印地安人」只在乎未來幾天，孟格爾寫道，遊牧民族好一點，因為他們會預判未來幾個月所需而做準備。另一方面，「文明人」——人類中的佼佼者——不僅為眼前的冬天存糧，還考慮到未來；他們替之後的好幾年規劃，甚至為子孫的一生打算。他分析一般人如何決定未來需求、如何計算每個階段所需的物品數量、如何以最有效率的手段來滿足這些需求。

孟格爾是在第三章提起我們的主題（亦即**物品效用**）。他寫道，人的一系列需求可透過特定物品滿足。要決定物品的價值，這些需求必須按照重要性依序排序，從重要性最高排到最低。然後人用持有的物品儘可能滿足需求，滿足愈多需求愈好，從最重要的需求開始。孟格爾以農夫為例，一位農夫需要穀物來滿足各種必須：他先用第一批做麵包以滿足家人溫飽；第二批烘焙其他食品確保健康；第三批用作明年

作物的種子；若還有剩，就釀啤酒與白蘭地。再有剩就拿來餵寵物。

如果這位農夫沒有足夠的穀物滿足全部所需，他**不會按比例減少**每樣需求——吃少一點、烘焙少一點，依此類推——而是不拿穀物餵食寵物。於是，**能被滿足的最後一項需求——**此例中就是釀製啤酒之需——決定了穀物價值。如果農夫幾乎沒什麼穀物讓家人溫飽，穀物的價值就很高。如果還剩很多給狗吃，就沒什麼價值。

當然，這個例子正顯示出邊際效用遞減原理，也是傑文斯於同一年、瓦拉斯晚三年出版的著作所提的概念。**某樣物品一個人持有的愈多，就會以較少的金額多買一單位，因為那一單位僅帶來一點效用。**所以說，物品價值取決於最後那個邊際單位帶來的效用。當一物品能確保生存，效用最大；用來獲取幸福感、生活安康時，效用少一些；藉此獲取額外奢侈的享受時，效用最低。當然，因為每個單位全部都一樣，無所謂第一、第二、第三個單位。因此，手中有多少數量，其中每個單位的價值都相當：只夠活命時，價值最高；還夠追求幸福，價值少一些；多到可拿來享受，價值最少。

透過農夫與穀物的例子，孟格爾表達出《國民經濟學原理》以及他整個學說的其中一個主軸。因為太重要，他不甘

於只用一個例子說明，於是在接下來幾頁，反覆不斷陳述邊際效用遞減這個原理……且鉅細靡遺。他承認，有些讀者恐怕因此感到乏味，但仍堅持值得如此，只要他的反覆有助於釐清概念。於是，他仔細拿一座岩石眾多而植被稀少的島嶼上的泉水、汪洋中一條船上的餅乾、公寓裡的生活空間、黃金、鑽石當例子說明。當他講完全部範例，邊際效用遞減原理應該對全部讀者都明澈如鏡了。

有意思的是，這本厚達 285 頁的巨著中，孟格爾**沒用上一個等式或數學符號**。跟傑文斯與瓦拉斯相反，他堅持老派，用故事、軼聞來論述。比方說，講到物品的最後一單位，他就只說最後一磅穀物或最後一桶水。他從沒提到邊際無限小的數量，那勢必將用上微積分。沒用上複雜的數學倒不令人意外，律師出身的孟格爾顯然不精通數學，堅持用像自己一樣的非數學家所擅長的概念。順道一提，這也是為何他需要拿這麼多例子解釋一個圖表或等式就能釐清的原理。[22]

然而，孟格爾對邊際效用遞減的描述，與 1870 年代發展的數學方法在**邏輯**上關係密切，他因此被視為**邊際主義**（Marginalism）的奠基人之一。傑文斯為《政治經濟學理論》第二版彙編「數理經濟學著述」的參考書目時，就把孟格爾的《國民經濟學原理》放進去了，儘管此書的數學性純然體

現在**精神面**。就像後來某位經濟學者所言,孟格爾這本書是那種「數學特性沒有用符號或圖表明確表示」的著作。[23] 就像十七世紀法國劇作家莫里哀(Molière)的劇作《土豪新貴》(*Le Bourgeois gentilhomme*)中,無知的主人翁之前都不曉得自己這輩子說話的方式稱作「口語」(prose)【編按:指一般沒押韻的說話方式,對比有押韻的韻文(verse)】,孟格爾也不曉得自己主張的邊際效用遞減原理竟然具備相當**數學性的本質**。

·孟格爾遇上瓦拉斯:該用上數學嗎?·

位於西邊 800 公里外的洛桑,瓦拉斯直到 1883 年才聽說孟格爾之作。同樣又是勤勉好學、人脈廣的德布魯耶稍來的消息。他在 1883 年 6 月 22 日的信裡向瓦拉斯提起,維也納有位熟知瓦拉斯著作的教授,而他剛收到這位教授寄來這本非常有趣、已出版 12 年的《國民經濟學原理》,並深受其清晰、簡明、很有邏輯的論理折服。自我宣傳從來不遺餘力的瓦拉斯,立刻寄上一本著作給孟格爾,後者隨即也回贈一部《國民經濟學原理》。在附帶的信裡,孟格爾表明自己留意瓦拉斯的研究多年,但隨即大發議論,質疑瓦拉斯在經濟學

上使用的數學方法。他氣憤地表示自己不贊成數理方法，認為那頂多只能作證明之用，無法進行研究。再了不起一點，頂多可幫忙找出定量關係。經濟定律或許能以數學術語表示或以圖表證明，所以數學可以很有用，但離研究的本質很遠，充其量只能當政治經濟學的輔助學科。最後，如同朝傷口灑鹽，孟格爾高姿態地指出：這麼多年有那麼多人在這個領域努力，瓦拉斯的書裡卻一字未提。

瓦拉斯很快就回信了。他先謝謝孟格爾的信與書，接著說，儘管兩人方法不同，卻都循著「理性」途徑研究政治經濟學。他建議彼此聯手，克服經驗主義當道的德國帶給他們的阻力——經驗主義認為，知識無法經由邏輯推演獲得，只能憑藉感官經驗體會。至於孟格爾就數學發表的評論，瓦拉斯則淡化彼此的差異。畢竟，他寫道，一方面是價格，另一方面是決定價格的因素，這兩者的關係正是孟格爾容許的數量關係。再者，他認為數學作為研究工具與作為闡述方法並沒有不同。他自己就是先用數學進行研究，再用數學來解釋說明。瓦拉斯寫道，自己確實就是因為數學才釐清了他探討的問題。總之，他不認為自己是**不計代價都要用上方程式**的**數學家**，而是努力**找出能被嚴格證明的合理主張**的**經濟學家**。瓦拉斯宣稱，透過數學的幫助，他成功了。

而孟格爾對瓦拉斯那恭敬禮貌、偶爾有點尖刻的語調中，藏著一抹猛烈狂暴、憤世忌俗的色彩，那是他與王儲魯道夫發表〈呼籲貴族青年〉那篇社論以來，十分明顯的口吻。孟格爾似乎很愛爭論，就像一位他在柏林的學術對手……

·孟格爾對決史莫樂：方法學論戰·

　　瓦拉斯信中點到來自德國的阻力，其實非同小可，絕非一般的學術歧見。那是一個重大爭議，多年來箝制著德國政治經濟學的研究。當時，德國學界的社會科學權威是傑出的古斯塔夫・馮・史莫勒（Gustav von Schmoller）【編按：也譯為施莫樂】，他是所謂**歷史學派**的擁護者之一。孟格爾的觀點主張，普遍有效的經濟定律能從**最重要的幾個基本原則或公理**（即邊際效用遞減理論）以**邏輯推理**得出。這跟史莫勒為首的學派所倡議的理論大相逕庭。他們那有時被稱作「綜合」的觀點認為，經濟事件乃通過歷史、地理、地方傳統、心理及其他特定因素交互作用而成；經濟行為必須個別審視，等觀察到諸多雷同事件後，才多少能有些信心地推斷這些雷同表示出某個共通的事實，而從中獲得普遍適用的結論。[24]

兩派支持者間的爭論——互嗆叫罵比較正確——於 1883 年正式上演，就在孟格爾出版《論社會科學的研究方法》（*Untersuchungen über die Methode der Sozialwissenschaften*）後。慘烈程度學界難得一見，後世以「**方法學論戰**」（Methodenstreit）稱之。就像孟格爾在著作裡陳述的，他主張，要了解經濟學的機制，必須先以**抽象而理論**的方式**獨立**出**最重要的幾個基本原則**，繼而制定由此得出的一般定律。可能影響經濟行為的干擾因子——交易成本、暴利、價格泡沫、非常事件——應予以忽略，如同物理研究會忽略摩擦力一般。憑歷史證據得出的結論，即便有統計依據，也必須加以排除。

　　這場論戰不是枝微末節的學界紛爭，其影響極其深遠。一方面，若史莫勒的觀點正確，經濟定律由歷史決定，那麼**制度與政治面的設計安排**將是重要的經濟調節器。另一方面，若孟格爾觀點正確，經濟定律衍生自最重要的幾個（人性的）基本原則，那麼制度及法規不會有長期影響，**自利**將取代一切監管，即便革命也不會造成不同。

　　《論社會科學的研究方法》的序言中，顯然正摩拳擦掌、熱愛爭辯的孟格爾，對他即將批評的德國科學家給予充分（儘管居心不良）的肯定。他寫道，他完全明白自己的好辯

風格將激怒某些人，但堅信迫使所謂歷史主義的支持者脫離舒適圈、不再自鳴得意，確有其必要。多年以來，毫無反思的高傲蠻橫，以及無視對自身理論的任何嚴謹批判，造就了一種論述政治經濟學方法的空洞措辭，當中全無意義。面對這樣的情況，他認為展現自己的好辯風格理所當然。

孟格爾批評歷史學派壓制一切立場相左的主張，他說得沒錯。身為德國社會學公認的提倡者，史莫勒手握大權，能分派職務、監督教授職任命、讓質疑者遠離核心。而孟格爾這位無足輕重之人——更別說，來自奧地利？——竟敢挑戰他的威權？史莫勒絕不允許如此。他發表了嚴厲的評論〈論政治及社會科學的方法論〉（Zur Methodologie der Staats- und Sozial-Wissenschaften），開門見山就說自己絕不退縮，因為孟格爾在那部挑釁之作中對他人身攻擊。可以想見，他的評論也充滿罵人的詞彙，例如「學究運動」、「抽象空洞的方案」、「心智結核病」等詞舉目可見。

史莫勒並未否定一般性理論的必要，但他堅持，遊記、商展報導、統計數字等描述性的紀錄都是必要條件；拿掉這類重要因子，勢必將誤判科學方法最基礎的原則。沒錯，他承認，條件永遠無法精確複製，因此確實難以推導出一般性理論。但他表示，若以為一些基本原則——例如人性需求與

自利心——能以數學的精確導出社會學的一般性定律，根本太過天真，最好把這留給那些閉門造車的學人。漠視其他動機，無異漠視現實、與假想的決策者共謀。是的，科學需要抽象，但抽象必須正確，才能找出科學真相，而不是像孟格爾所做的那樣，在追逐探險夢境與虛幻魅影。他簡直虛矯、自以為是，史莫勒說，用站不住腳的假設開始，還相信最複雜的現象能用單一元素解釋。孟格爾顯然不熟悉，或故意漠視，這世界在心理學、語言學、法理學、倫理學的進展與成就，讓我們得以理解和人有關的許多現象。他反而堅持神秘信仰，把經濟學當作一場出於自利的遊戲。另一方面，也許他只是欠缺能理解歷史學派本質的「器官」吧，史莫勒如此總結。真的，史莫勒說話毫不矯情。

來到尾聲，他先不屑地說「此書我們談完了」，再不冷不熱地給出一些讚美。史莫勒承認，孟格爾是個機敏的辯證學家、有邏輯的思想家、了不起的學者，但他欠缺全方位的哲學及歷史訓練，沒有吸納其他觀點所需要的心胸與眼界。「他對德國經濟歷史學派的譴責大抵正確……但他絕非改革家。」[25] 只熟諳經濟學一角，孟格爾卻以為那是全部。

到目前為止，史莫勒的評論尖刻卻低調，合乎一篇學術文章該有的樣子。但接下來他被自己對孟格爾的厭惡淹沒。

他氣勢洶洶地咆哮，表示自己沒有被孟格爾的觀點惹惱，畢竟那些論述只會替學術辯論增色；但孟格爾以那種校長訓話的語調指責每個跟他唱反調的人，令他憤慨。史莫勒多麼痛惡這名奧地利的自大狂，的確顯而易見。

　　孟格爾可不會躺著接受此等侮辱。他以一本一萬八千字的小冊子反駁，連本帶利加倍奉還。標題即可看出調性。《歷史學派在德國政治經濟學上的謬誤》（*Die Irrthümer des Historismus in der deutschen Nationalökonomie*）包裝成給假想友人的 16 封信，讓孟格爾對史莫勒的哲學大發議論。這二次答辯其實沒什麼新鮮內容，除了音調拔高幾個八度。藉著這種奇特的風格，他得以充分駁斥史莫勒已提出的、極有可能想提出，或多少可能會提的反對意見。這位德高望重的德國教授大名，至少被提起 139 次。

　　至於如何被提起？孟格爾窮盡所有詞彙。史莫勒的論點未經反芻、不學無術、憑空捏造、充滿謾罵、不負責任、難以理解、野蠻無理，充斥著誤解、扭曲和錯誤。他擁抱混淆不清、令人迷惑的概念；他的語言粗俗不得體，令人反感且荒誕不經。他連最簡單的科學觀念都搞不清楚，對方法的選擇毫無鑑別度，完全缺乏真正的理解。他的知識僅限於原始的歷史統計資料，而且還濫用科學文獻，行徑有如盲目忠於

所屬政黨的政客，將政治鬥爭的惡習沿用到科學討論之上。

依照學術禮節，孟格爾送上一本小冊子給史莫勒，寫有「作者寄」的字樣。他真的希望史莫勒——那份地位崇高的刊物《德意志帝國之立法、行政與政治經濟學年鑑》（*Jahrbuch für Gesetzgebung, Verwaltung und Volkswirtschaft im deutschen Reiche*）的主編——會審查、刊出這份評論嗎？好，史莫勒沒有；實際上，他的做法更糟。史莫勒原封不動地退回書，附上無禮至極的信函，表明自己不會降格做這種事。彷彿這樣還不夠，他最後又做了一件事，一個想必是德國學術論戰空前的舉動：他把這封信一字不差搬上《德意志帝國之立法、行政與政治經濟學年鑑》！這份「評論」尖刻無禮的語調，即使在激烈的學術辯論中都極為罕見，值得完整翻譯後複製於此：

> 《德意志帝國之立法、行政與政治經濟學年鑑》編輯室無法刊登此書，因該書已附上以下聲明退還給作者：親愛的先生！敝人有收到您寄來的小冊子《歷史學派在德國政治經濟學上的謬誤》。其上附有手寫之「作者寄」字樣，因而我必須親自感謝您。這段時日各方已知會我，此書主要在攻擊我個人，略瞄首頁即可確認無誤。就如

同我極感謝您對我的關注與不吝教誨，我也打算堅守自身面對這類對話的原則。我謹將我的原則分享予您，只盼您能仿效，如此一來方可省下大筆時間與怒氣：直接把這類人身攻擊看也不看地扔進火爐或垃圾桶裡，尤其當我無法期待再從作者身上得到任何長進。如此一來，我便不至於像某些德國教授，長時爭鬥而使大眾厭煩。然而，我不想這般無禮毀損您親手細心包裝之書，因此我以感謝之情將其奉還，請您於別處善加利用此書。順道一提，若有更多攻擊我絕對感激，因為就如俗語所說：「敵人愈多，榮耀愈高。」[26]

● ○

傑文斯、瓦拉斯及孟格爾對經濟學論述最重要的創見，在於決策者總是努力**把效用總和極大化**，以及——如白努利早在 150 年前提出的——**某樣物品帶來的效用，將隨持有量的增加而遞減**。今天用來形容此現象的名詞是「**邊際效用遞減**」，由弗德里希・馮・維塞爾（Friedrich von Wieser）提出，他是孟格爾最傑出的學生之一。他對這個名詞的原始稱法是 Grenznutzen，德文的「邊緣效用」或「邊際效用」。

孟格爾總喜歡把史莫勒那派政治經濟學稱為「**德國學派**」，語帶貶抑，意指北方那些同儕思維落後，沒有未來。史莫勒不甘示弱，冠以「**奧地利學派**」回擊，意在表達輕蔑，嘲諷其偏狹侷限、落後閉塞。不過這個詞的意義卻被孟格爾的門徒巧妙扭轉，很快成為傑出的象徵。時至今日，許多人把奧地利學派視為榮譽徽章。

　　孟格爾認為歷史資料無法說明經濟如何運作，因此規劃經濟制度與設置規章毫無用處，這種看法深深吸引**放任主義者**。大家單憑極大化自身的效用決定經濟怎麼運作，無需政府介入，這種觀念很對**自由派**胃口，從以筆名艾茵・蘭德（Ayn Rand）聞名的作家阿麗莎・季諾雅芙納・羅森鮑姆（Alisa Zinoyevna Rosenbaum），到經濟學家路德維希・馮・米塞斯（Ludwig von Mises）及諾貝爾得主海耶克（Friedrich Hayek），一路到國會議員暨（分別為）前總統及副總統候選人的榮恩・保羅（Ron Paul）及保羅・萊恩（Paul Ryan），都很支持這樣的概念。

第五章

被遺忘的前人

・裴布依：從工程問題看效用理論・

　　當傑文斯與瓦拉斯忙著搶優先權、沉浸於方法學論戰的孟格爾似乎也無暇他顧時，兩個新名字突然出現：巴黎的**儒勒・裴布依**（Jules Dupuit）、科隆的**赫曼・海因里希・戈森**（Hermann Heinrich Gossen），誰超前誰這個問題變得不再重要。[1]1804年出生的法國人裴布依，於巴黎綜合理工學院念數學、國立路橋學院（École Nationale des Ponts et Chaussées）念工程，後於法國某省擔任土木總工程師，接著再於巴黎自來水廠擔任總工程師。裴布依的名氣不僅來自搭橋建路——他參與的諸多任務中，包括香榭麗舍大道的重鋪工程，他的名氣也來自監督巴黎污水處理系統的建設。

　　1846年目睹羅亞爾河（Loire River）氾濫之後，裴布依轉

　　　　　　　　　　　　　　　　　　經濟學的決策思想

向洪患治理。裘布依在經濟學領域獲得注意的原因，來自他 1844 年在《路橋學校年鑑》（*Annales des Ponts et Chaussées*）的一篇文章，題為〈論公共工程效益的衡量〉（De la mesure de l'utilité des travaux publics）。他針對工程問題提出今日稱為「成本－效益分析」（cost-benefit analysis）的觀念。他於文章中說明，應如何運用一種現在稱作資本預算（capital budgeting）的財務技術來分配投資基金。他舉用水為例，正如孟格爾三十年後所做的。與孟格爾不同的是，他從**向下彎曲的需求曲線**講起，導出邊際效用遞減原理。他是在經濟學領域提出這個概念的第一人，有權怎樣就怎樣。

　　裘布依一開頭就提需求曲線往下彎：「**物品價格下降時，會吸引更多消費者，而原來的消費者則會提高購買量。**」他不認為有必要解釋這個前提從何而來，還說出不大像是受過數學陶冶的工程師會講的話：「這是統計觀察多次驗證過的實驗事實，因此我們毋須再證明。」[2] 由此，他推出邊際效用遞減原理，這麼說明：一天用水 100 公升的水費為 50 法郎時，屋主就會叫 100 公升的用水；當價格來到 30 法郎，他叫 200 公升用水。因此，第一個 100 公升的效用起碼為 50，因為此人願意支付這個價位。額外 100 公升的效用不到 50（如果那麼貴，他不會買超過 100 公升），但至少有 30（否則他

不會願意增加買量）。所以說，裘布依繼續解釋，當水價為50 或 30 法郎，這位屋主只會買自己夠用的水量。但若價格掉到 20 法郎，他將每天清洗房子；降到 10 法郎，他也會連同院子一起清洗；5 法郎時，他將挖一個游泳池；如果價格低到每 100 公升 1 法郎，他將盡其所能買下最多的水以備不時之需。好啦——邊際效用遞減原理。

因為這篇文章是刊在一份法國的工程雜誌，國外不大知道裘布依的研究。1847 年，有同事在《路橋學校年鑑》發文回應，兩年後裘布依也以長文回覆。此外就沒引起什麼關注。只有瓦拉斯（畢竟他也說法語）留意到裘布依破天荒的研究，但在沮喪地發現傑文斯超前自己後，瓦拉斯實在不想承認自己的想法又早被另一個思想家想到了。他想淡化前輩的成果，卻犯了錯。怕人家懷疑他曾受這位法國工程師影響，他在 1877 年的一封信中，不小心提醒傑文斯有這號人物。而傑文斯這位正直的科學家毫不遲疑——馬上將裘布依的成果告訴他頻繁通信的經濟學者。他也在自己第二版《政治經濟學理論》序言裡大力讚揚裘布依：「這位法國工程師裘布依，恐怕是最早徹底理解效用理論的人。」[3]

·戈森：效用理論首次用於政治經濟學·

　　裘布依的成果只是後續發展的序幕。邊際效用遞減原則
在他的研究中以工程問題現身，隱而未顯，沒有明說；不過
在一項更宏大的政治經濟學專著中則清楚表述，只可惜這本
書出版後乏人問津。作者是赫曼·海因里希·戈森，出生於
1810 年，父親是普魯士稅務員。戈森受父親敦促也成為公務
員，但真正的興趣在政治經濟學，並從 24、25 歲起，致力
研究影響人類互動的規則。他於 1854 年出版《人類互動法則
及其衍生之人類行為準則之發展》（*Entwickelung der Gesetze
des menschlichen Verkehrs, und der daraus fliessenden Regeln für
menschliches Handeln*），時間較裘布依的論文晚十年，卻仍比
傑文斯、瓦拉斯、孟格爾發表自認創新的著述早了二十年。

　　戈森毫不謙遜。「哥白尼成功闡釋了天體的交互作用，
而我相信，我闡釋了地球上人類的交互作用，成就足以相提
並論，」他在序言中這樣寫道，「基於我的發現，我能確實
無誤地指出大家必須遵循何種軌道，才能淋漓盡致地達成此
生的使命。」[4] 真的，沒有半點客套自謙。

　　序言最後，他要求讀者大眾以嚴格但不偏頗的眼光審讀
此書。後面這項要求特別實在，因為他的書推翻了許多在此

之前被誤以為真的錯誤觀念。他寫道，自己也是極其痛苦地被迫揚棄這些想法；這些觀念在大眾腦中根深蒂固，尤其不少人的專業名聲還建立其上，一旦必須丟棄這些想法，將落得與他同樣的境地──被迫在壯年期重新找工作。說實話，他從來不喜歡當公務員，父親走後他便放棄公職，靠賣保險維生，說服農人以此抵擋冰雹與牲畜死亡的威脅。

　　戈森堅信研究政治經濟學不可沒有數學。他的確認為，這門學科會有那麼多難題，就是沒有用數學來解決。他靠兩個基本準則展開研究。第一，**眾人畢生都在努力追求最大的效用總和，他稱之為「快樂」**。第二，**某物品帶來的效用將隨著人的消費量增加而減少，直到飽足感產生**。[5]

・戈森定律・

　　當然，這個準則就是邊際效用遞減原理，在白努利時代就已經知道，但戈森是第一個將這個原則用於政治經濟學領域的作者，因此我們現在常稱之為「**戈森第一定律**」（Gossen's First Law）。他先舉了三個十分奇特的例子，之後才用比較一般的例子加以說明。他寫道，一件藝術作品帶來的喜悅會隨

　　　　　　　　　　　　　　　　　　　　經濟學的決策思想

著觀賞時間而減少；思索問題時，人會隨著沉溺其中越久而漸漸感到無聊；解釋一項發現時，起先令人興奮，繼而成為無趣的教學，最後只是枯燥的重複。講完這些他好像才想起來，轉而用買麵包或牛肉等更平常的例子說明。

從第一定律出發，他進一步推想，從而成為制定如今稱為「**戈森第二定律**」（Gossen's Second Law）這個基本經濟原理的第一人。這個定律可通俗地表示為「**以最小代價獲得最大快感**」：我們面對幾種商品時，會挑選能帶來最大效用者。由於同一種物品的數量增加，帶來的效用會減低，下一次挑選時，也許另一樣東西會帶來更多「快感」，因此就改選那樣物品。以此類推，直到荷包全空。那時，**若再有一塊錢，不管他決定買哪樣東西，帶來的額外效用都將一樣**。

戈森讚嘆上帝如此智慧，不僅創造維繫宇宙的自然律，還創造出效用遞減法則來調節人類的互動。儘管祂賜給人類自由意志，仍以祂無限的智慧加以安排，使得似乎會阻撓人類實現共同利益的自私自利，不僅不會妨礙人類整體的福祉，反而有助於將整體福祉擴大到極致。

那真是個開創性的大發現，戈森自己也非常明白，從他在序言中自比為哥白尼就可看出。唉，只可惜，此書卻有個大問題。圖表等式不缺，卻少了關鍵的要素──沒有分章節、

沒有圖表的說明文字、沒有一行標題。整本書是一段必須一口氣讀完的冗長論證，共 278 頁。連原本該釐清問題的數學在當時也被視為阻礙。不過，這裡的數學很簡單——不是什麼高深的微積分或微分方程式，除了偶爾得決定最大值或最小值——就只是算術，一頁一頁又一頁的算數。更糟的是，他把那些用來舉例的數值放在沒完沒了的表格中，為了幫助連基礎數學都不喜歡的讀者。

而那囉唆冗長的內文沒有比較好。七、八十字構成的句子比比皆是，即便最有耐心的讀者，他的閱讀興致也會被澆熄。戈森找不到出版商，只好於 1854 年自費發行，但很少人買，更很少人讀。1858 年，他不再於市面上販售這本書，銷毀剩下的庫存。絕望之餘，翌年他死於結核病，享年 47 歲。

·後人的反應·

戈森遭人遺忘的作品要再過二十年才得到應有的重視。當傑文斯與瓦拉斯忙著爭優先權——瓦拉斯輸給傑文斯，眾人確實浮起一念：也許，在他們所不知道的某處，有人已經先想到了同樣的概念。傑文斯在曼徹斯特的同事，羅伯·亞

當森（Robert Adamson）教授找到了證明這個事實的第一個跡象，有本書簡短提到了戈森的著作，就這樣。亞當森登廣告尋找戈森的書，久久沒有下文，直到 1878 年在德國某書商的目錄發現此書，才終於買到一本。

　　傑文斯不諳德文，得仰賴亞當森的描述與口譯戈森的論述。他很快再度意識到，自己領先瓦拉斯的勝利不過曇花一現。「在經濟學理論的一般性原則及方法方面，戈森完全早我一步，」傑文斯在《政治經濟學理論》第二版的序言裡坦承。[6] 為了減低傷害，他指出戈森為求簡化，假設效用呈線性遞減，但經濟學的函數幾乎不會是線性的。再舉出幾個或許屬實的缺點後，他竭力想消除大家對他的懷疑，否認他的研究曾受到戈森的影響。「我想明確表示⋯⋯在 1878 年 8 月之前，我從未看過或聽過有關戈森著作的任何蛛絲馬跡。」[7] 為了強化他的論點，傑文斯列舉數位也從未聽聞戈森的學界大人物──不過他於一條註腳中點出，大英博物館的圖書館曾在 1865 年購買了一本戈森的著作。而他也不得不憂悒地做出結論：「自 1862 年我的理論首度以簡短的大綱發表以來，我常以這套理論的創新及重要性為榮。但從我稍早在序言中所提便能明白，創新已不能再屬於這套理論其中一項主要的特點。顯然大部份要歸功於裘布依，其餘大多得歸戈森。」[8]

瓦拉斯這邊呢，倒是處之泰然。知道傑文斯、孟格爾、裘布依都先他一步，聽到又有一名先行者實在沒嚇到他。實際上，他自認有責任匡正他眼中一項科學錯誤。也許他多少有點幸災樂禍，那令他如此傷心的傑文斯，終究也被一位意想不到的前輩甩在後頭。

瓦拉斯四處訪查，找到顯然是戈森唯一的親戚：外甥**赫曼‧科頓**（Hermann Kortum），波昂大學（University of Bonn）數學系教授。科頓詳細描述這位普魯士稅務員的一生，瓦拉斯則以 25 頁的篇幅為文紀念這位遭世人遺忘的思想家，刊在 1885 年的《經濟學者期刊》。科頓給瓦拉斯的信裡，對舅舅的著作乏人問津並不訝異，他寫道：「這個國家儘管有許多優秀的數學家，從歐拉到黎曼（Riemann）及魏爾施特拉斯（Weierstrass），但除了天文學家、物理學家及少數工程師，數學文化從未曾在專業人士中佔有一席之地。就連現在，一個方程式都會讓您多數同事東躲西跑，這本書有此下場也不足為奇了。」[9]

孟格爾又怎麼回應戈森的事呢？他似乎毫不知情。全心投入當下與史莫勒的方法學論戰，他毫不在意過去可能發生過什麼。至於偉大的史莫勒，對於戈森堅持效用乃決策基礎這個主張十分感冒，毫不遲疑地稱他是「機靈的白痴」，認

為他的著述只會造成各種麻煩。史莫勒身為歷史學派的首席代表，遭孟格爾那般厭惡，他這番不講理且不公允的批判恐怕倒成了讚美之詞。[10]

第六章

我信故我賭

·天才短暫的一生·

率先在真正稱得上「**數學**」環境研究邊際效用遞減理論的人當中，劍橋哲學家兼數學家**法蘭克·拉姆齊**（Frank Ramsey，圖 6.1）是其中一位。這位奇才在過短的一生中——不滿 27 歲就過世——所做出的貢獻足以超過多位學者畢生貢獻的總和，而且不只在他自己選擇投入的領域中，在經濟學裡也有重要的建樹。拉姆齊出生於 1903 年，身為長子，父親是位學者，撰寫數學及物理教科書，之後當上劍橋大學麥德林學院（Magdalene College）院長。母親畢業於牛津大學，是一位堅定的女性主義者，致力於男女平等，也是拉姆齊一生的重要支柱。他還有兩個妹妹、一個弟弟。弟弟麥可（Michael Ramsey）後來成為坎特伯里大主教（Archbishop of

Canterbury），是手足中唯一持續信仰基督教的人。一位妹妹成為醫生，另一位是經濟學講師。

拉姆齊自幼便展露天賦。獲得全額獎學金進入劍橋大學三一學院（Trinity College）就讀，20歲以資深蘭格勒（Senior Wrangler）的頭銜畢業——這代表他是數學表現最頂尖的學生。但他以另一項非凡事蹟更早成名。幾乎自學德文的拉姆齊，18歲時把路德維希・維根斯坦（Ludwig Wittgenstein）的艱深巨作《邏輯哲學論》（*Tractatus logico-philosophicus*）——二十世紀初最重要的哲學論著之一——譯成英文。（維根斯坦是奧地利一富裕家庭的么子，1911年曾到劍橋接受哲學家伯特蘭・羅素〔Bertrand Russell〕的指導。《邏輯哲學論》第一版於第一次世界大戰的戰壕中寫成。戰時他英勇領軍，之後一度被關在位於義大利的戰俘營。1923年秋，拉姆齊赴奧地利兩週與維根斯坦本人討論《邏輯哲學論》，後者當時在普赫貝格〔Puchberg〕的村莊當教員教小孩。）

圖 6.1：法蘭克‧普倫普頓‧拉姆齊（Frank Plumpton Ramsey）

來源：派屈克‧加里戈斯（Patrick L. Gallegos）繪於 2017 年，維基共享資源提供。

一年後，拉姆齊愛上瑪格麗特・派克（Margaret Pyke），派克積極推動女權與節育。很遺憾——至少對拉姆齊而言——派克是已婚之身，先生是記者也是發明家，今天我們會說他是「書呆子」或「機械迷」：他異想天開的發明往往無法實現。儘管如此，拉姆齊並不氣餒。聰明才智遠遠超前同齡的他，內心依然天真。一回兩人在湖邊散步後坐下休息（派克在看書，拉姆齊也假裝閱讀）。拉姆齊提出這個絕對非哲學的問題：「瑪格麗特，你願意跟我上床嗎？」她顯然毫無此意，答說：「你覺得做一次會有任何差別嗎？」[1] 答覆儘管十分合宜，她的冷淡卻必定使他難以接受，覺得她異常地無情。

　　單戀大他十歲的已婚女子，使他接觸了二十世紀初知識份子最新的時尚——精神分析。他再度來到奧地利，這回到維也納拜訪心理學家狄奧多・芮克（Theodor Reik），他是佛洛伊德第一批弟子中的一位。我們只能揣想，他對年紀大他很多、無法企及的女人懷抱愛慕之情，在在說明他與母親的關係有多麼深厚。他崇拜他母親，而母親在四年後死於車禍。

　　治癒了情傷，拉姆齊返回劍橋。在傑出經濟學家凱因斯的奔走下，他在 1924 年獲選為國王學院院士，兩年後成為數學講師。同時，他與一位心理系學生萊蒂絲・貝克（Lettice Baker）相戀，她之後成為卓越的肖像攝影師。為符合當時的

道德觀，或至少隱瞞兩人踰矩的行為，他們只有偷偷往來。擔心被母親或學院同事逮到，他們不得不溜到貝克在三一學院的宿舍幽會。

拉姆齊的憂慮其來有自。凱因斯警告過他，連他過去跟派克的關係都可能阻礙他當上院士。[2] 母親後來終於發現他與貝克的關係，也促成兩人決定結婚。但這絕非一般的結合。兩人同意彼此皆可自由追尋其他愛情關係，也都善用這份權利。拉姆齊明白，這意味著他得向貝克坦承自己最私密的情感……對其他女性的情感。婚後過了兩年，他愛上貝克的朋友伊莉莎白・丹比（Elizabeth Denby），一名社會改革者，跟派克一樣，大他將近十歲。

自己實踐多伴侶關係與接受另一半這麼做兩者相比，拉姆齊前者厲害多了。有一回，他與丹比正在法國過耶誕，貝克開始和一名愛爾蘭作家交往，按照慣例貝克知會了他。拉姆齊憤怒不已。瞧，他不過只是跟情婦共度一點寧靜時光，而她，卻毀了一切。自認是受傷的一方，期待對方的憐惜，他痛苦哀嚎：「我決定放棄伊莉莎白了，而妳清楚她對我的意義。」繼而有點太遲地做出結論：「我無法忍受這種多伴侶的煎熬，我要回歸一夫一妻。」而他的願望很快就實現，因為貝克與那愛爾蘭人沒過幾週就分手了。當貝克向他傾訴

　　　　　　　　　　　　　　　　經濟學的決策思想

自己多麼難受，拉姆齊毫不掩飾地表現出自己的快樂與寬慰。
貝克遂語帶譏嘲：「看來，我的不幸幫了你⋯⋯那我就再讓
你高興，繼續說我真的很痛苦傷心吧。」[3]

● ○

　　1929 年，維根斯坦受凱因斯與拉姆齊的召喚來到劍橋。
這位奧地利哲學家儘管遠近馳名，卻沒有學位，必須提交論
文爭取教書資格。當時 26 歲的拉姆齊，雖只是文學學士，卻
成為他 40 歲友人名義上的博士論文指導人。而兩人情誼才剛
經過一次嚴苛的考驗：某次談話間，維根斯坦表示，他認為
佛洛伊德雖然十分聰明，道德卻有瑕疵。之後，兩人便好一
陣子沒有往來、不跟對方說話。維根斯坦之後提交的論文其
實就是《邏輯哲學論》，因為第一版沒有序言和註腳，難以
授與學士學位。而羅素是他成功完成論文答辯的面試官之一。
　　翌年拉姆齊重病。他出現黃疸，起初認為是膽囊阻塞所
引起。在倫敦某醫院動了手術但失敗了，發現他早有肝腎疾
病卻不自知。手術後幾天他便離世，留下貝克與兩個女兒。
我們不得不猜想，若拉姆齊活得更久些，哲學與數學將有何
種進展，更別提經濟學了。

·拉姆齊的機率論·

　　拉姆齊在國王學院的導師凱因斯，將成為二十世紀最富影響力的經濟學家。他是位傑出的公務員，一次大戰後代表英國到凡爾賽宮出席巴黎和會。1926 年，23 歲的拉姆齊以〈真理與機率〉（Truth and Probability）一文引起他的注意，拉姆齊在這篇文章中反對凱因斯五年前出版的《機率論》（*Treatise on Probability*）。拉姆齊透過把眾人熟知、會推論出必然結論（definite conclusions）的演繹邏輯（deductive logic），擴展到會推論出部分結論（partial conculsions）的歸納邏輯（inductive logic），**重新定義了機率論**（probability theory）。不像物理學家或統計學者那般，將某事件發生的機率定義成在所有會發生的結果中，那個事件發生的頻率或所佔的比例；拉姆齊反而秉持著十七世紀德國大學者萊布尼茲的精神，認為機率論是**邏輯的一個分支**──「**部分信念**（partial belief）**與無定論論證**（inconclusive argument）的邏輯」【編按：部分信念是指人的信念不是「有」或「無」截然二分，而是有程度差別】。[4]

　　繼這篇文章之後，拉姆齊在凱因斯鼓勵之下，決心改鑽研經濟學。對一位才華橫溢的哲學家來說，這個轉向輕而易

　　　　　　　　　　　　　　　　　　　　　經濟學的決策思想

舉。他在此領域只出版了兩篇文章：1927 年 3 月的〈對課稅理論之貢獻〉（A Contribution to the Theory of Taxation），以及 1928 年 12 月的〈儲蓄之數學論〉（A Mathematical Theory of Saving）。凱因斯將兩篇論文收錄於《經濟學雜誌》（*The Economic Journal*），倍加推崇。他在為拉姆齊寫的悼詞中說，「我以為，後者〔指〈儲蓄之數學論〉〕乃數理經濟領域中至今最傑出的貢獻之一。」[5] 該文確屬上乘，但這番讚譽卻有點言過其實。這篇論文算是經濟學領域裡真正堪稱「數理」之作的先驅，因此，「至今最傑出的貢獻」恐怕有些多餘。但凱因斯整體的評論沒錯，儘管世人要到半個世紀後的 1970 年代，才能充分明白這篇論文具備的開創性。

話說回來，我們這裡感興趣的是〈真理與機率〉。很遺憾，拉姆齊的寫作風格有時曲折迴繞，且有些浮誇。例如，在評論凱因斯對機率的解釋時，他以這樣的口吻表達異議：「我希望我之前所說足以表明〔凱因斯的理論〕不盡使人滿意，以致於任何想從截然不同角度剖析此議題之意圖都顯得徒勞無功。」[6]

·如何衡量信念？·

　　若說**機率是信念程度**（也就是你**對特定結果有多少信心**），那要如何衡量呢？「僅衡量機率是不夠的，」拉姆齊寫道，「為了要把我們的信念正確分配到機率，我們必須要能衡量我們的信念。」[7] 由於信念和信心來自一人的**主觀**印象，採用心理途徑實屬必要，且信念程度必得從心理層面衡量。但怎麼做？我們能同意少數幾個基準：對某種結果有全部的信念可定為 1.0，而完全相信的相反則為 0，對（某結果的正、反）兩方有同等信念則為 $^1/_2$。但 $^2/_3$ 的信念是什麼意思？認定會發生這個結果的信念，是認為不會發生的兩倍強嗎？

　　我們當然無法將就「次序尺度」（ordinal scale）來測量，這僅能指出哪個信念較強。這種尺度就像十九世紀初德國礦物學家腓特烈・摩斯（Friedrich Mohs）表示礦物硬度的方式，也就是可點出哪種礦物足以刮傷另一種的摩斯／莫氏硬度。如名稱所示，次序尺度提供一種排序——就此例來說，即將礦物依硬度排列。摩斯只是給硬一點的礦物較大的號碼，武斷指定 1.0 給軟礦物的滑石，10.0 給當時所知最硬的鑽石。

　　但他這個次序尺度有個嚴重缺失。雖能依硬度排列礦物質，卻無法說石英（7）的硬度加方解石（3）的硬度等於鑽

　　　　　　　　　　　　　　　　　　　　經濟學的決策思想

石硬度，也不能說石膏（3）硬度是滑石的三倍。拉姆齊要拿來衡量信念的是一種基數法（cardinal），也就是那種衡量長度或重量的方式。透過基數尺度，一較大的數值不僅較長或較重，也能明確標出長多少或重多少。序數及基數尺度的差別在於後者可以加減運算。

　　這正是拉姆齊的目標，他想找出能夠加減的衡量過程。要達到衡量機率這個終極目標，他考慮的第一個方案是評估感覺強度。你覺得某種結果會發生的感覺愈強，其機率愈高。但還沒研究這樣能否相加，拉姆齊就放棄了這個選項。你無法任憑某人說某數值就是他的感覺強度，這並不可靠。畢竟，「我們對最堅定的信念往往不帶有一絲感覺，沒有人對想當然耳之事懷有強烈感受」。[8]

　　拉姆齊最後斷定：要衡量某人信念的強度，得衡量他**願意付諸行動的程度**。「我們評估自己信念有多強，其實就是我們在假設狀況下會怎麼行動。」為了評估有多強，拉姆齊借用了白努利的說法，表示「衡量某人信念的老方法是提出一個賭注，看他願接受的最低賠率是多少」。而這種方式也有缺失，拉姆齊就提出兩點。首先，他點出金錢的邊際效用遞減。（他非常輕描淡寫，因為當時此現象已是「眾所公認」[9]。）於是，當潛在的賺賠大到令玩家財產巨變，衡量就不準

確。而且看某人肯下多少賭注也會導致錯誤結論，以為針對同一件事，這個人富有時的信念比他窮困時來得強烈。

拉姆齊提出的第二個缺點是，人也許會特別熱切或特別排斥下賭注。他討論到這點時，卻很奇怪地有點太漠然。他這番話值得——甚至需要——多點熱情，而非隨意帶過，因為**金錢的邊際效用遞減**這個拉姆齊前幾行才講到的概念，就像我們在第一章談到，**會導致風險趨避**。所以理論上，不願下注等同於邊際效用遞減，而急切想賭剛好矛盾，應予以排除。對此，拉姆齊則從心理層面提出解釋（也就是很享受或超討厭賭博帶來的刺激感）。我們將在第八章，深入探討想躲開風險同時又渴望下注這兩種對立的狀況。

為避免以上缺失，拉姆齊提出另一種方案。他煞費苦心地舉例說明：「我站在十字路口處，不知何去何從。但我十分相信其中一條是正確的路，於是我走那條，同時留意是否有人可問。假設此刻我看到半英里（約 800 公尺）外的田野上有個人，那我是否轉向走去問他，要看我特意越過田野，或繼續往那可能是錯的路走，哪個比較麻煩。但也要看我的自信程度；顯然，我愈相信自己的判斷，願意拐彎走去問人的距離就愈短。因此我建議以我願意走去問人的距離當作尺度，衡量我對自己看法的信心程度。」[10] 所以，衡量一個人

經濟學的決策思想

的信念（也就是一個人判斷正確的機率），就是看他願意為了求證所做的努力。在拉姆齊這個例子裡，信念程度（選到正確道路的機率）是由英里的分數來測量。

·拉姆齊的機率四法則·

根據拉姆齊的主張，機率法則是形式邏輯（formal logic）的延伸，包含了部分信念理論。因此，一人的信念程度（代表機率多少）必須——至少理論上如此——**具邏輯一致性**。說到底，一個衡量體系若不一致，根本無用。很顯然，衡量信念強度也當如此。例如，若我對「明天會出太陽」的信念大過「明天是陰天」，我對「明天是陰天」的信念又強過「明天會下雨」，則我對「明天會出太陽」的信念必然要大過「明天會下雨」。[11] 拉姆齊指出幾個必然為真的定義及公理，以確保衡量的一致性，再由此得出他認為很基本的**合理信念四法則**。

第一條法則表明，某事件及其反面會發生 [12] 的信念總和必然是 1（即 100%）。例如，我對「明天會下雨」與我對「明天不會下雨」的信念已涵括一切可能性，兩者加總為 1。第二

條法則可以這麼說明：我對「如果明天下雨，尼克隊將贏得比賽」與我對「如果明天下雨，尼克隊會輸」的信念總和也必定為 100%。第三條比較複雜：我對「我會活到 120 歲，而且死時身價上億」的信念，等於我對「我會活到 120 歲」與我對「我若活到 120 歲，死時將身價上億」的信念相乘。第四條也是最後一條，可如此表述：我對「我將活到 120 歲，而且死時身價上億」之信念，加上我對「我將活到 120 歲但沒有上億財產」之信念，等於我對「我將活到 120 歲」的信念……無論身價是否上億。[13]

誰的信念顛三倒四不遵從這些法則，就很容易受博奕業者操弄。例如，若沒遵守第四條法則，天真賭徒就會被狡猾莊家佔便宜。進一步詳述，且說有好幾個足球隊爭奪錦標賽冠軍，這名玩家願意下注，賭哪支隊伍會勝出。若蚱蜢隊贏，他可拿 50 元。他也可押蝴蝶隊，該隊若贏就拿 50 元。假設這名賭徒的信念讓他願為這兩種單純的賭注各付 5 元。還有第三種下注法：複合下注，不管蚱蜢或蝴蝶隊贏，都可得 50 元；而這名賭徒估算了他的信念後，願意以 12 元下注。此時，業者便能以 12 元的價格**賣**複合注給他，並各以 5 元單價向他**買**下兩個單純注（一共 10 元）。馬上賺進 2 元。若蚱蜢隊贏，玩家輸掉一種單純注所以賠莊家 50 元，同時贏下複合注而拿

　　　　　　　　　　　　　　　　　經濟學的決策思想

到 50 元。若蝴蝶隊贏，他輸掉另一個單純注所以賠 50 元，但也因贏了複合注而拿到 50 元。要是其他隊伍贏，便沒有金錢易手。無論哪種情況，損益（若產生的話）自會平衡。精明的業者穩穩賺進 2 元利潤，而那違反第四條法則的天真玩家注定要輸。[14]

拉姆齊說，這些法則如此基本，所以「當任何人的精神狀態違背了這些法則，就只能乖乖接受別人開出的條件，這實在很荒謬」。[15] 呃……或許荒謬，但很不幸地，卻屢見不鮮。確實，一個問題如何形塑或一個選擇如何呈現，往往便決定了大家怎麼作答、決定與行動。這些原則上應掌管每個人信念的法則，遭違反的情形遠比拉姆齊想像的嚴重。我們將在第三部討論那些情況。

拉姆齊的論文使大家理解到，人們不僅**很主觀地看待金錢**——以**邊際效用遞減**體現，也**很主觀地評估機率**——以**自身信念的強度**表現。而且按照拉姆齊的主張，信念強度可從一個人根據此信念採取行動的意願看出。

然而，大家對機率的本質依然感到困惑，各種解釋不斷，眾聲喧嘩持續多年。1930 年代初期，俄國數學家安德烈·柯爾莫哥洛夫（Andrei Kolmogorov）提出一種機率論，不似拉姆齊那般主觀，而具備數理性的嚴謹客觀。他在 1933 年出版

的《機率論基礎》（*Foundations of the Theory of Probability*）訂出衡量機率的三個公理：非負性（nonnegativity，機率永遠大或等於零）、規一化（normalization，必然會發生）、有限可加性（finite additivity，欲求出多起無交集事件的發生機率，可將每起事件的個別機率加總得出）。[16]

● ○

　　柯爾莫哥洛夫的理論一本正經，不帶感情。我們實際上卻不符合這種理想——如果那算得上是理想。拉姆齊意識到，研究機率必須用上心理學；但連他也堅信，人類儘管軟弱，在自身的信念方面卻必須保持理性、一致。而事實並非如此，那將成為本書第三部的主題。

經濟學的決策思想

第七章

經濟學家的遊戲

·賽局理論初登場·

1926 年 12 月 7 日，當時 23 歲的拉姆齊正在劍橋國王學院授課；而在德國，一位 22 歲的匈牙利博士後研究生則爲哥廷根數學協會（Göttingen Mathematical Society）發表了一場演說。由遠近馳名的大衛·希爾伯特（David Hilbert）領銜，哥廷根大學數學系在當時不僅是德國頂尖，也是全球最負盛名的數學系。充滿抱負的數學家自各地湧向哥廷根，就像今天這類人才奔向普林斯頓高等研究院（Institute for Advanced Study）一樣。

其中一名是來自匈牙利的青年，**約翰·馮·紐曼**（John von Neumann，圖 7.1）。他當時已被視爲極有天賦的數學家，日後也將成爲傲視群倫的天才、世界頂尖的數學家。1957 年

2 月英年早逝，享年 53 歲。他的成就繁多而且都很重要，簡直不知道該從哪兒說起，包括在純數學（泛函分析〔functional analysis〕及公設化集合論〔axiomatic set theory〕）、物理（量子力學的數學理論）、電腦科學（數位電腦的第一個概念）領域的突破，以及在曼哈頓計劃（Manhattan Project）扮演的角色。[1] 當然，他也是賽局理論之父，而那正是 1926 年他為數學協會演說的主題。

　　馮‧紐曼於哥廷根演說時，他才剛從蘇黎世聯邦理工學院（ETH Zürich）化工系畢業六週。當時發表的論文於兩年後刊登在備受推崇的《數學年刊》（*Mathematische Annalen*），標題輕鬆簡單：〈客廳遊戲理論〉（Zur Theorie der Gesellschaftsspiele），其中馮‧紐曼拿來作為例子的客廳遊戲（parlor game）包括輪盤賭、西洋棋、橋牌、百家樂（baccarat）【譯注：一種紙牌賭博遊戲】、撲克。他這種數學天才會以如此平庸的客廳遊戲作為研究主題似乎有點荒唐，不過這麼想可就大錯特錯了。馮‧紐曼指出，客廳遊戲能讓我們更明白經濟學的基本問題——**「在特定外在條件下，完全自我中心的『經濟人』（homo oeconomicus）會怎麼做？」**[2] 回答這類問題，不僅對經濟學有所啟發，對政治學、社會學、心理學、法學甚至生物學也都有重大意義。

圖 7.1：約翰・馮・紐曼

來源：維基共享資源，洛斯阿拉莫斯科學實驗室
（Los Alamos Scientific Laboratory）

經濟學的決策思想

就後設層面而言，所有客廳遊戲的規則都相當簡單。遊戲狀態取決於三種事件。第一種事件隨機發生、機率已知，好比擲骰子、扔銅板或發牌。輪盤賭或聖彼得堡悖論中的丟銅板就屬這類。這類遊戲的理論分析屬於機率論的範疇，從決策角度來看沒麼意思。相對地，下西洋棋或玩猜拳，對方會出招，你得設法奪勝。對方與你的決定都會影響結果，遊戲有註定的發展走向，嚴格來說沒有靠運氣的空間。最後一種，在大富翁、西洋雙陸棋（backgammon）、撲克及橋牌等賽局，隨機事件和玩家決策都會影響結果。以上每種遊戲中，玩家贏了就有報酬，輸了就得付出代價。

　　馮・紐曼訂的一個假設是，玩家只互相賠錢：沒有錢從外部近來，也沒有錢會流出去。贏家得到的和輸家失去的**總額為 0**，於是這類遊戲稱作「**零和遊戲**」（zero-sum game）。

　　一路討論下來，我們已經很明白，玩家怎麼看待、評價贏得的報酬這點十分關鍵。但對馮・紐曼的論文來說並非如此。他刻意排除效用，僅假設玩家都很自私。馮・紐曼要分析的問題是，**在其他玩家也都很自私、都設法贏最多的情況下，一名玩家該怎麼做**。

　　他的主要成果就是知名的「**極小（化）極大／大中取小**

理論」（Minimax Theorem），適用於兩名玩家的零和遊戲。在這種賽局中，一方的損失即為另一方的收益，將對方最大的獲利降到最低，就等於把自己最小的獲利提高到最大。因此，理性玩家就該確保贏得的最低金額要盡可能地高。馮・紐曼證明，確實有一種策略能極大化自身的最低獲利，同時極小化對手的最高收益。此事到此暫歇二十年左右，直到馮・紐曼在普林斯頓大學裡，與一位逃離納粹佔領的歐洲、流亡美國的同事合作——經濟學家**奧斯卡・摩根斯坦**（Oskar Morgenstern，圖 7.2）。

・摩根斯坦其人其事・

1902 年，摩根斯坦生於德國小鎮哥利茲（Görlitz），比馮・紐曼及拉姆齊早一年。父親威廉・摩根斯坦（Wilhelm Morgenstern）是記帳員跟小生意人，母親瑪格麗特・泰希勒（Margarete Teichler）是腓特烈三世（Frederick III）的私生女，腓特烈三世 1888 年登基成為普魯士國王暨德國皇帝，雖然僅在位 99 天。國王父親留給她一小筆遺產，但因為威廉不明智的投資而被揮霍殆盡。

圖 7.2：奧斯卡・摩根斯坦

來源：維也納大學檔案

摩根斯坦成長於維也納，1925 年取得維也納大學博士學位。他自認是「奧地利經濟學派的產物」[3]，論文探討邊際生產力（marginal productivity）。接著，他拿到哈佛大學三年的研究獎學金，由洛克斐勒基金會（Rockefeller Foundation）贊助。回到維也納之後，被母校任命為經濟學教授。他積極參與知名的維也納學圈（Vienna Circle），那是由身兼哲學家、物理學家、邏輯學家的莫里茨·石里克（Moritz Schlick）主持的學術討論團體。他在每週聚會遇見的傑出人物包括：卡爾·孟格爾（Karl Menger，孟格爾之子）、魯道夫·卡納普（Rudolf Carnap，熱力學要角）、庫爾特·戈德爾（Kurt Gödel，以不完備定理〔incompleteness theory〕著稱）、卡爾·波普（Karl Popper，以可證偽性／可否證性〔falsifiability〕聞名），或許哲學巨擘維根斯坦也在其中。

一次聚會時，摩根斯坦向成員提出一項經濟學的難題。他一直在思索，**預測本身**會對被預測的事件產生何種影響，最後得出令人意外的結論：**經濟學的一般均衡理論**【編按：就是瓦拉斯提的理論】**與完美預期並不相容**。他以柯南·道爾的短篇作品〈最後一案〉（The Final Problem）的橋段說明這個悖論。福爾摩斯要從倫敦搭火車到多佛（Dover），宿敵莫里亞提教授緊追在後。不過，因為正確推測到教授會搭上後

面較快的班次直達多佛，福爾摩斯偷偷在中間的坎特伯里（Canterbury）下車，成功逃脫邪惡教授的追捕。然而，如果莫里亞提魔高一尺，看透了福爾摩斯的意圖，也搭了會停靠中繼站的車呢？又如果福爾摩斯看透了莫里亞提會看透他會看透……那麼誰都無法超越對方獲勝——如此一來，不可能達到均衡。

摩根斯坦說完後，數學家愛德華・塞克（Eduard Cech）上前告訴摩根斯坦，說有個馮・紐曼在 1928 年刊出的一篇論文也是處理類似主題。那就是馮・紐曼 1926 年在哥廷根發表，探討客廳遊戲的論文。

經濟學家摩根斯坦急欲認識這位數學家，兩人的會面卻得再等四年。身為奧地利景氣循環研究中心（Institut für Konjunkturforschung）的主任——該機構由洛克斐勒基金會贊助 [4]——摩根斯坦忙得不可開交，得經常飛往巴黎、倫敦及位於日內瓦的國際聯盟（League of Nations）總部。1938年 1 月，卡內基國際和平基金會（Carnegie Endowment for International Peace）邀請摩根斯坦訪問美國四所大學。他停留兩個月後，一切從此不同。

惡名昭彰的德奧合併（Anschluss）、維也納由納粹掌權——發生於 3 月。摩根斯坦因為「政治立場方面令人無法

圖 7.3：奧斯卡・摩根斯坦與約翰・馮・紐曼（左至右）；
桃樂絲・摩根斯坦・湯瑪斯（Dorothy Morgenstern Thomas）攝

來源：普林斯頓高等研究院薛爾比・懷特與里昂・李維檔案中心
（Shelby White and Leon Levy Archives Center）

　　　　　　　　　　　　　　　　　　　　　　經濟學的決策思想

忍受」遭拔除大學教職，研究中心主任一職則由身為納粹一員的副主任接手。解僱倒不是因為種族因素，而是因為摩根斯坦自由開放的立場。這樣的態度是他唯一從外祖父腓特烈三世身上繼承下來的特質。摩根斯坦明智地決定留在美國。多所大學的邀請之中，他選擇了普林斯頓大學一紙三年的合約，希望能遇上馮·紐曼，與他共事。而摩根斯坦在此的薪資有一半來自——你猜的沒錯——洛克斐勒基金會。

摩根斯坦最終不僅碰上了馮·紐曼，也結識當時一些頂尖的經濟學家、數學家、物理學家，包括波耳（Niels Bohr）及愛因斯坦。波耳熱衷研究觀察者對實驗的干擾，這是量子力學的基本問題之一，特別讓他聯想起莫里亞提教授的先見之明（或預測失準）會如何影響事件發展。他也極為認同愛因斯坦某次晚宴中大聲疾呼，認為理論應重於實驗。而摩根斯坦與馮·紐曼的情誼無需借助中間人牽線，因為兩人之間有著「瞬間的心靈交會與自然迸發的共鳴」。[5] 摩根斯坦設法重燃馮·紐曼對賽局的興趣，畢竟馮·紐曼當年那篇論文問世後便沒再投入什麼心力。兩人交換彼此的文章，展開了二十世紀最重要、成果最豐碩的科學合作之一。

·合力拓展賽局理論·

摩根斯坦深信，賽局理論目前雖然粗淺卻有無限可能，他開始寫作，詳細闡述這個理論對經濟學者的重要性。馮·紐曼看了手稿後說，這對門外漢來說太過精簡，須加以拓展，非數學本行的讀者才有辦法入門。摩根斯坦回去重新改寫，但再次展示新版本時，馮·紐曼仍不滿意，乾脆建議：「我們何不一起寫這篇論文？」摩根斯坦聞言，欣喜若狂。他來普林斯頓就是期盼能遇見這位偉大的數學家，而現在，他們竟然要合作！還有比這更棒的事嗎？「強尼（Johnny，馮·紐曼的小名）想跟我合作呢，我們將併肩拓展一塊遼闊的新領域，從未懷疑過程中有多少挑戰、艱難與前景。」

1940 年秋，兩位學者著手展開計畫。他們以德語對談，用英文書寫，一同分擔全部工作，同一頁的手稿上，筆跡改變兩三次乃家常便飯。不斷向前邁進，論文也愈來愈長。一天，馮·紐曼說：「瞧，這不大可能作為論文，分上下兩篇都不行。也許我們可以發展成一本小冊子。」兩人遂打算寫成幾十頁的小書，於《數學研究年鑑》（*Annals of Mathematics Studies*）發表。但這本小書的篇幅繼續擴充，於是他們找上普林斯頓大學出版社，提議出版大約一百頁的書

經濟學的決策思想

冊。社長很樂意這麼做，雙方簽了合約……他倆隨即把頁數限制拋諸腦後。

密切會談照樣持續；兩人不時結伴漫步，一起過節，長談至深夜，聊的想的都是賽局理論。全心在此的其實是摩根斯坦；馮‧紐曼還忙著其他事情，像是原子彈、電腦、量子力學及細胞自動機（cellular automata）。他們常共進早餐，討論該做什麼。下午再碰頭一起工作。晚上摩根斯坦用打字機記下每日進展。這樣奮戰兩年有餘直到 1942 年耶誕，有時連週末都不停歇。摩根斯坦從未覺得沉悶辛苦，恰恰相反──多年後他寫道，能完全沉浸在這份工作中、充分享受不斷發現的樂趣，是種永恆的快樂。

●　○

繼續往下之前，我必須提一件摩根斯坦年輕時不甚光彩的事，一件多數稱頌他的傳記作家寧可略過不提的事。信仰路德教派的青年摩根斯坦（儘管有著猶太味道的姓氏），根本不喜歡猶太人。他的日記如今由杜克大學（Duke University）收藏，從中能找到好些反猶太論點。「昨天有場猶太人抵制反猶太的示威活動。真是傲慢無禮，」他這麼發

表評論。[6]（如果他是猶太人的話，就會用 chutzpah 表達「傲慢無禮」，而非以德語 Unverschämtheit 形容。）另一處，他提到「這自大的猶太社群」，再另一處他稱某人是「如此令人憎惡的猶太自由主義者（judeo-liberal）」。當他發現猶太裔的經濟學家路德維希・馮・米塞斯（Ludwig von Mises）「這頭豬」竟然跟他競爭洛克斐勒的獎金，他簡直怒不可抑。

等他被迫受到同樣的對待時，就有點像是自食苦果了。他在維也納大學的死對頭奧斯瑪・史磐（Othmar Spann）竟四處造謠，說摩根斯坦就是個猶太人。在他競選奧地利工業家協會一重要職位時，右翼報紙也說他是猶太人，大肆批評。針對這些所謂的指控，摩根斯坦的反擊是要求父親出面澄清家族中並無猶太血統。一名友人終於開玩笑地建議說，此後他應簽名作「摩根斯坦，亞利安人」，好消除一切對他血統的質疑。

隨著年紀增長、心智更加成熟，摩根斯坦或許修正了他的想法，也或者他只是適時隱藏起這樣的看法，因為他在普林斯頓與馮・紐曼及其他有名的猶太學者成了朋友。無論如何，他年紀較長之後便不再有任何反猶太的言論。

·將偏好轉化成數字·

1940 年耶誕期間，摩根斯坦在紐奧良為美國經濟學會（American Economic Association）發表演說之後，隨即前往附近的比洛克西（Biloxi）與馮·紐曼夫婦一同度假。當然，假期絕非中斷努力的藉口，也正是在比洛克西這個地方，他們開始討論一個基本問題：這些遊戲**該拿什麼當獎金**？客廳遊戲常用不值半文的籌碼，但這個答案只是迴避了這個問題。該用現金當獎金嗎？對玩家雙方來說都一樣的金錢也有輕易轉手的好處。但摩根斯坦知道**效用概念**的重要性，不是很滿意這個答案，堅持兩人得更加深入。

當然，他們知道白努利兩百年前寫的東西，可能也曉得韋伯與費希納的研究。儘管未曾提起這兩位德國科學家，他們有寫說：每一種測量都必須基於某種感受，諸如亮度、熱度、肌力。就**效用**而言，這種感受的基礎就是**對偏好的認知**。但這只容許**次序排列**（像是「我喜歡蘋果勝過橘子」），無法以**基數排列**（例如「我對蘋果的喜愛是對橘子的兩倍」）。

依次序排列的情況下，同一人的兩種效用無法相加，不同人之間也無法比較效用。傳統上經濟學家對付這種窘況的辦法是，訂出所謂的**無異曲線**（indifference curves），例如，

以下狀況對約翰沒有差別：擁有（a）6 顆蘋果、（b）4 顆蘋果跟 1 個橘子、（c）3 顆蘋果跟 3 個橘子，或（d）2 顆蘋果跟 6 個橘子。但相較以上選項，約翰更喜歡 8 顆蘋果跟 2 個橘子。此外，以下對他也沒有差別：（e）8 顆蘋果跟 2 個橘子、（f）6 顆蘋果跟 3 個橘子、（g）3 顆蘋果跟 5 個橘子。

利用這些無異曲線，加上蘋果橘子的價格與手中預算，就能找出約翰眼中最理想的物品組合（此例為蘋果橘子）。但另一人可能有全然不同的無異曲線，且因爲無金錢涉入，再次迴避了真正的問題。看來賽局理論需要用上效用概念。

具體來說，馮・紐曼與摩根斯坦想找出辦法，**將偏好轉為數字**，讓具備特定機率的不同結果能組成**期望效用**（expected utility）。若能如此，藉由數學函數把人的偏好轉為數字，那就叫做**效用函數**（utility function）。

來看看這麼做是否可行。例如，天氣預報表示，明天 2 吋降雨的機率為 30%、3 吋降雨的機率為 70%，那可以說預期雨量為 2.7 英吋，也就是計算加權平均。不過，30% 的降雨機會跟 70% 的晴天機會，不能組成一個「預期的整體天氣狀況」。降雨**可以**合併出預期結果，整體天氣狀況卻**不行**。

因此，或許就像整體天氣狀況，並不存在**合適**的辦法能測量效用並訂出效用的數值。回想第一章，白努利曾主張以

　經濟學的決策思想

對數作為效用函數，但他沒有多加解釋，僅聲稱那看起來合理。這麼做有點像從帽子拉出兔子那樣出其不意。所以說，首先必須決定：**合適**是什麼意思。

摩根斯坦和馮·紐曼想起，熱學理論最早是基於「一種身體覺得比較溫暖、直觀的明確感受，卻無法確切指出有多少、差幾倍、怎麼樣的溫暖」。[7] 後來才發現，熱必須以**兩種數值**描述（即數量與溫度）。前者就是能量，可以相加；後者也是數值，有確切量尺。但兩者卻有天壤之別。了解氣體運作與熵定理（entropy theorem）的形成便明白溫度絕不可能相加。可以說 40° F 比 20° F 熱，但不能說前者熱兩倍。[8]

摩根斯坦和馮·紐曼做出結論：效用也是類似狀況。一方面，他們要證明可設計出衡量效用的尺度，儘管這個觀念乍看之下極不可能以數值表示。另一方面，這尺度無法作為某人偏好的數值比較基礎，也不能用來比較不同人的偏好。跟溫度一樣，那是另一種東西。

為了替效用尺度打造穩固的基礎，摩根斯坦與馮·紐曼設想出三種可能事件 A、B、C，然後有點怪地，C 優於 A，A 優於 B。可簡單表示成 C > A > B。這很簡單。 再來比較確定會發生的事件 A 與各具某種發生機率的 C 或 B。且說 A 代表「得到一個蘋果」，B 是「得到一根香蕉」，C 是「得到一

顆糖果」。於是，糖果優於蘋果，蘋果優於香蕉。接著問受試者（我們就稱她為蘇珊）：「比起 50% － 50% 的機會得到糖果或香蕉，你會更想直接得到蘋果嗎？」如果她說不，就修改機率，改成 80% － 20%、40% － 60% 等等，直到她說選項對她不再有差別。假設蘇珊指出，肯定得到一個蘋果，跟 65% 的機會得到一顆糖果及 35% 的機會得到一根香蕉，這兩者在她來看沒有差別。那麼，根據馮·紐曼與摩根斯坦的說法，假定蘇珊喜歡糖果勝過香蕉的偏好度為 1.0，那麼她這個答案則顯示，她「喜歡蘋果勝過香蕉」的偏好度，是她「喜歡糖果勝過香蕉」的偏好度的 0.65。

讀者若覺得這回從帽子裡拉出兔子的是馮·紐曼跟摩根斯坦，情有可原。但他們倆並非僅在玩弄數字，他們知道得提出合理說明，而兩人端出了幾個**公理**。

公理之於數學家，就有如食材之於廚師；那是一則數學理論（或一道舒芙蕾）的核心建材。沒有公理你什麼都做不出來，有了公理，你能打造整個宇宙。歐幾里得公理就是這個概念的最佳例子：整個平面幾何完全立足於歐幾里得公理之上；拿掉一個平行公理，便出現截然不同的宇宙（即雙曲幾何或橢圓幾何）。

·理性人的四公理·

我們就來看看這兩位教授端出什麼定理。[9] 第一個問題是，人不可能一直做出明確的決定。我們大概都記得，孩提時代一些討厭的親戚令人惱怒的拷問：「你比較愛爸爸還是媽媽呀？」有些孩子會說：「我兩個一樣愛。」但更多人會震驚到拒絕回答——他們就是無法決定。賽局理論不能容許這種情況發生，**一定要有明確的答案**……任何時候都要毫不含糊。所以，讓這件事變成公理吧。於是出現了馮·紐曼與摩根斯坦第一公理：

1. **完備性**（completeness）：面對任何兩個事件 A 與 B，你要不偏好 A 勝過 B，或 B 勝過 A，要不就對兩者都沒差。（以數學符號表示：不是 $A > B$，或 $B > A$，就是 $A = B$。）

接著來設想：若糖果勝過蘋果，蘋果勝過香蕉，那麼糖果自然會勝過香蕉。顯而易見嘛……你可能會這麼以為。再想想吧。其實不盡如此。[10] 假設彼得、保羅、瑪麗要決定餐後飲料點什麼。彼得喜歡阿瑪雷托（Amaretto）勝過渣釀白蘭地（Grappa），渣釀白蘭地勝過檸檬酒（Limoncello）。保

羅喜歡渣釀勝過檸檬酒,檸檬酒勝過阿瑪雷托。最後,瑪麗喜歡檸檬酒勝過阿瑪雷托,阿瑪雷托勝過渣釀白蘭地。以表格顯示如下:

彼得	阿瑪雷托>渣釀白蘭地>檸檬酒
保羅	渣釀白蘭地>檸檬酒>阿瑪雷托
瑪麗	檸檬酒>阿瑪雷托>渣釀白蘭地

　　崇尚民主價值的三人決定少數服從多數,選擇投票決定。偏好立即浮現。一種多數(彼得與瑪麗)喜歡阿瑪雷托勝過渣釀白蘭地,另一種偏好(彼得與保羅)喜歡渣釀白蘭地勝過檸檬酒。根據這兩種狀況,他們可以決定了——買阿瑪雷托。但令人詫異的事情出現了:保羅跟瑪莉反對。怎麼回事?明明用了最合理的選擇方式——一人一票——他們卻不高興?難道想半途修改規則?

　　瞧,他們抱怨得有理。保羅和瑪莉指出,他們寧可要最排名最差的檸檬酒也不要阿瑪雷托。為什麼?關鍵在此:如果有第三輪投票,針對檸檬酒跟阿瑪雷托的話,一個選擇檸檬酒的多數票(保羅與瑪麗)就會出現。那就買檸檬酒,息事寧人吧。

　　　　　　　　　　　　　　　　　　　經濟學的決策思想

等等。如果買檸檬酒，彼得跟保羅——是的，保羅，這位很不喜歡阿瑪雷托所以堅持第三輪投票的先生——也要強烈抗議了。比起檸檬酒，他們寧可要渣釀白蘭地。於是我們碰上了：一個悖論。不談口味好壞，三人各自有其偏好，絕對合理。你儘管試下去，最終結局會是阿瑪雷托優於渣釀白蘭地，渣釀白蘭地優於檸檬酒，檸檬酒優於阿瑪雷托，阿瑪雷托優於渣釀白蘭地，渣釀白蘭地優於檸檬酒……沒個了局。

這局面稱作**孔多塞循環**（Condorcet cycle），名稱來自身為數學家、哲學家暨政治家的法國貴族馬利・尚・安湍・尼可拉・德・卡里塔（Marie Jean Antoine Nicolas de Caritat），孔多塞侯爵（Marquis de Condorcet）。無論選中哪個，多數人總更喜歡另一個。數學術語叫做「**多數意見不具遞移性（transitive）**」，對民主根本是個打擊，[11] 對賽局理論也是個問題。所以借用那套有效的招數吧——再設一個公理：

2. **遞移性**（transitivity）：若 A 優於 B，B 優於 C，則 A 優於 C。（以數學符號表示：$A > B > C \Rightarrow A > C$）

我們現在回到蘇珊那個難題。她指出，確定拿到一顆蘋果，和 65% 的機會拿到一顆糖果及 35% 的機會拿到一根香蕉，

這兩者對她來說沒有差別。蘇珊真的能如此精確指出自己不在意的界線嗎？若換作是 63% 的機會得到糖果加上 27% 的機會得到香蕉呢？要做出這種聲明可謂難上加難。但別擔心——只要定出第三個公理就好：

3. **連續性**（continuity）：若 A 優於 B，B 優於 C，則存在一個機率值，使決策者認為 B 本身，相較於 A 與 C 的加權平均，兩者沒有差別。（以數學符號表示：存在一個 0 到 1 間的數字 p，使得 $B = pA + (1-p)C$）。

第四公理可能最為奇怪，通常稱作「**獨立於無關選項**」（independence of irrelevant alternatives）。要從兩種選項挑一，**絕不受外部因素影響**。如果 A 優於 B，忽然跑出一個 C，也不該影響你面對 A 與 B 的態度。這可藉由以下的餐廳情境來描述。[12] 服務生告知顧客：「今天我們有蘋果派與布朗尼。」顧客抱怨選項太少後，挑了蘋果派。幾分鐘後服務生慌張折返，表示他忘了說還有冰淇淋。這位顧客想了一下以後表示：「那樣的話，我要布朗尼。」

這可憐的服務生完全困惑失措，情有可原。顯然，這位客人根本不在乎冰淇淋，因為即便聽到了也沒有選，但這突

　　　　　　　　　　　　　　　　　　經濟學的決策思想

然出現的選項卻改變了顧客對原先兩個品項（蘋果派與布朗尼）的看法。直覺告訴我們這不應該發生。這種不理性的舉動怎麼會出現在高檔餐廳呢？理性的人絕不會因為排名較低（因此不相關）的選項而改變抉擇。不是嗎？

錯！就連總統大選都出現過，只因為冒出一個絕對選不上的候選人攪局，原本落後的參選人因而當選。[13] 為了避免這類不合常理的情況……沒錯，把這個狀況也設為公理：

4. 獨立性（independence）：某個偏好不受其他任何選項影響。以數學符號表示：若 $A > B$，則對任何 C、任何 0 到 1 之間的數字 α 來說，$\alpha A + (1-\alpha) C > \alpha B + (1-\alpha) C$。

以文字表達：若 A 優於 B，那麼即使任何其他事件有可能發生，A 仍應優於 B。這項公理聽來很無害，但發表後不到幾年就讓學者頭痛不已。（見第九章。）

讀者應該注意到了，我為了推出第二及第三公理而設想的情境並不是一個人的選擇，而是一群人透過多數決做決定。個人偏好匯總成為集體選擇會引起諸多問題，我在此不打算討論。[14] 此處所提的案例純粹只為了說明，違反這些公理可能會導致某些自相矛盾的局面。

事後來看，會選擇這幾條作為公理似乎很理所當然。摩根斯坦回憶馮・紐曼的訝異，「我們訂出這些公理後，強尼從桌旁起身，不可置信地叫道：『從來沒人看出來嗎？』（Ja hat denn das niemand gesehen?）」[15] 設了這幾條公理後，兩人斷言，**誰違反這些公理就是非理性，違反一條也不行。**這似乎有點苛刻。實際上，無法決定自己究竟比較喜歡「絕對能得到一杯卡布奇諾」還是「26% 的機會得到熱巧克力跟74% 的機會得到薄荷茶」的人，不見得就是非理性。但身為科學家的這兩人只是宣稱：**只有確實遵守這四條公理的人才叫理性。**我們得謹慎一點，將嚴守這些公理的人稱為「**馮摩式理性**」（vNM-rational），意味著，儘管有人有時沒完全遵守公理、被視為「**馮摩式不理性**」，但他們在現實生活中卻不盡然是瘋子。在後面幾章，我們將討論，和你我一樣正常的許多人違反馮摩式理性的諸多例子。

　　　　　　　　　　　　　　　　　　經濟學的決策思想

·理性人的效用函數·

找出這些公理後，真正的工作才開始——也就是證明由此可**導出效用函數**。他們的書在 1944 年發行第一版時，兩人並沒有納入證明，雖然手稿完成時已得出一項。他們承諾會很快會在某科學期刊上發表，那一刻卻始終沒來。直到三年後出第二版才加入 16 頁的附錄，兩位學者以嚴格的數學方式證明，唯有遵守這些公理，一個人才具備效用函數。

這個證明「相當冗長，對沒受過數學訓練的讀者或許有些困難」，他們表示歉意。他們太客氣了，這項證明對受過數學訓練的讀者都很困難；對沒受過訓練的讀者來說是根本無從理解。此外，他們也在附錄裡提到，即便對數學家來說，這段證明「美學表現不太令人滿意」，而且——很看輕地表示——「無法讓人覺得深刻」。頁復一頁的無盡推導，最終宣告：**每個人的各種偏好「必存在一組映射（mapping）」（即效用函數），而且任兩組映射皆可互相線性轉換**【編按：映射為數學術語，此處可理解成函式、函數】。[16]

就這項宣告的第二點，讓我用華氏（°F）及攝氏（°C）兩種不同尺度測量到的溫度來說明。73°F 比 69°F 暖，但不能說 105°F 比 100°C 暖。不過，因爲華氏與攝氏溫度屬線性

關係──32°F 對應水的冰點、212°F 對應沸點──遂有一簡單的辦法解決。要比較兩者，只須將攝氏溫度乘上係數 1.8，再加上常數 32，即可得到相應的華氏溫度。如此算來，水結凍與沸騰的攝氏溫度分別是 0°C 及 100°C。[17]

這本書的附錄完成了預期目標──證明理性人皆具備效用函數（取決於一係數與一常數），這個函數能將事件結果**轉為數字**。最重要的是，這已經定義清楚的效用函數，使**決策理論**可以用上**機率論**的一個關鍵概念。以金錢賭注來說，透過計算全部可能結果及其機率的權重然後加總，能得出期望結果。舉例來說，若有 80% 的機會贏得 50 美元，20% 的機會贏得 100 美元，那麼期望結果為 60 美元（= 0.80 × 50 + 0.20 × 100）。若反覆下注，平均每輪可得 60 美元。同理，我們可以將所有事件的**個別效用**乘上**個別事件發生的機率**，並**全部加總**，藉此得出**期望效用**。面對幾種選項時，**馮摩式理性人**將採取能**最大化期望效用**的做法。

依據摩根斯坦與馮‧紐曼的理論，**人人都有效用函數，遂能比較不同選項，進而判斷哪個能帶來最大的效用**。[18] 但要注意：不同人之間，效用無法比較；也不能把幾個人的效用相加，得出公有的效用函數。各人有各人的效用函數，**無法與他人的互相比較，而且絕非靠一個常數跟係數就能轉換**

　　　　　　　　　　　　　　　　　　經濟學的決策思想

成他人的效用。那些函數形狀可能也完全不同。簡單講，就如拉丁文的諺語所說：「（人各有所好）品味無從爭論。」（*de gustibus non est disputandam*）

馮・紐曼與摩根斯坦提出的效用函數是否往上走？是的，因為較偏好的選項代表更多的效用（即數值較大）。那曲度是否一定減緩？不，不盡然。無論在這兩人設定的公理或任何地方，馮・紐曼與摩根斯坦都沒這麼規定。因此，就賽局理論來說，邊際效用不必然遞減。冒險之舉不意味非理性。

・合作成果問世・

隨著 1942 年耶誕節的到來，馮・紐曼與摩根斯坦最後一次修改手稿。1943 年 1 月，寫出序言，著作完成。是時候向普林斯頓大學出版社解釋，這原定 100 頁的小冊子變得有點多了——變成 1200 頁充滿圖形及方程式的手稿。所幸出版社編輯很慷慨，表示將盡其所能出版此書，儘管時值二次大戰，物資頗為短缺。多虧普林斯頓大學與高等研究院兩筆各 500 美元的獎金，他們的手稿重新打字，成了整潔的文稿。一位來自日本的年輕數學家（時稱所謂敵國僑民），負責輸入原

稿所有的公式。這份稿件於 1943 年送至印刷廠，再經一年的排版、圖表繪製、編輯、校閱及修正。

　　1944 年 9 月 18 日，在某位匿名者的資助下，600 頁的《賽局理論與經濟行為》（*Theory of Games and Economic Behavior*）出版，距離摩根斯坦與馮・紐曼攜手合作，已經過了五年。摩根斯坦肯定是這二人小組裡資歷較淺的成員，他自承論述能力有限。然而，若兩人不曾相遇，很難說賽局理論是否會有這樣的發展。摩根斯坦的關鍵貢獻在於不斷提出充滿挑戰性的有趣問題，刺激馮・紐曼發揮他的天資才華。沒錯，他與資深夥伴之間確實有著智識上的鴻溝，但誰又何嘗不是如此？所以，就像賽局理論家哈洛德・庫恩（Harold Kuhn）介紹這部巨著的紀念版時所言：若說馮・紐曼是賽局理論的父母，那麼摩根斯坦便是助產士。至於馮・紐曼，和他對數學、電腦科學、物理學及原子彈的貢獻相比，中途拐入經濟學的時間短暫，展現的成果也顯得沒那麼重要。

· 賽局理論的影響 ·

　　《賽局理論與經濟行為》並未一夜熱銷——這本書的主張與傳統經濟學的隔閡實在太大。這本巨著不關注一般極大極小問題；就實際的經濟層面，也不只看普通的交易或單純的獨佔、寡佔等情形。這本著作探討玩家之間的剝削、歧視、替代、互補、聯盟、勢力與特權，因此涵蓋範圍遠遠超出經濟學，涉足政治學與社會學。大眾對這本書最初的反應充其量只能說是不冷不熱，兩位作者不得不承認，恐怕要等到下個世代，他們的理論才會被接受。就像德國物理學家馬克斯・普朗克（Max Planck）曾講的：「新的科學真理並不是因為成功說服了對手、讓他們恍然大悟而獲勝；而是因為對手終究會死去，熟悉這項新真理的新一代已成為社會主力。」[19] 普朗克這番領悟要到 1950 年才會出現在他死後出版的自傳中，所以當時的馮・紐曼與摩根斯坦可能無從得知，但這段話確實一語中的。

　　不過很幸運，這套理論毋須等候一個世代，而是僅僅一年半。1946 年 3 月的一個星期天，《紐約時報》頭版刊出一篇《賽局理論與經濟行為》的書評，篇幅相當長。文章如此起頭：「藉由發展、應用一套**策略遊戲**（如撲克、西洋棋、

單人紙牌等）的**全新數學理論**，一項嶄新的**經濟分析方法**試圖解決迄今未能解決的**商業策略問題**，在經濟學學界引發轟動。」[20]

　　非常吹捧——但是，單人紙牌？沒錯，即便沒有對手，單人紙牌仍是獨自一人的策略遊戲（game of strategy），不像輪盤賭之類全靠機率論，用不上賽局理論。這篇《紐約時報》書評的作者提供清楚的概覽、令人信服的好評，部份內容摘自里歐尼德・赫維茲（Leonid Hurwicz，2007 年諾貝爾經濟學獎得主）當時就此書剛發表幾個月的評論。那篇書評刊於《美國經濟評論》（*American Economic Review*），文長達 17 頁。「我們不得不佩服幾乎展現在每一頁裡的大膽識見、對細節的窮究與深刻思想，」赫維茲寫道，並於文末總結：「有《賽局理論與經濟行為》這般水準的著作出現，實屬難能可貴。」《政治經濟學期刊》（*Journal of Political Economy*）的 1946 年 4 月號中，經濟學家雅各・瑪沙克（Jacob Marschak）盛讚本書為「超群之作」。1978 年諾貝爾經濟學獎得主賀伯・賽門（Herbert Simon）於《美國社會學刊》（*American Journal of Sociology*）撰文，鼓吹所有社會科學學者熟讀《賽局理論與經濟行為》，稱此書「以嚴謹且系統化的方式，**提出一套理性人的行為理論**」。1984 年諾貝爾經濟學獎得主理查・史

東（Richard Stone）在《經濟學雜誌》16 頁版面的評論中，形容這本書為「力量與趣味兼具之作」。這本書的影響力也見諸數學領域。數學家亞瑟・柯普蘭（Arthur Copeland）在《美國數學學會公報》（*Bulletin of the American Mathematical Society*）盛讚「後世或許會視此書為二十世紀上半葉重要的科學成就之一」。[21]

　　《賽局理論與經濟行為》旋即售罄也就不足為奇了。1947 年，普林斯頓大學出版社發行第二版，收錄了證明效用函數存在的附錄。1953 年再出第三版，其後持續發行，2004 年出版了 60 週年紀念版。如今，光是這個版本，谷歌學術（Google Scholar）搜索就列出了三萬五千次引用，有關賽局理論的研討會、專刊、書籍更不計其數。《賽局理論與經濟行為》絕對可躋身重要科學書籍之列，要說本書與牛頓的《自然哲學的數學原理》（*Principia*）和達爾文的《物種起源》（*On the Origin of Species*）地位相當，應該也不為過。

第八章

波浪曲線

·既避險又冒險？·

《賽局理論與經濟行為》的問世引發大量研究，至今方興未艾。每解決一個問題，又再出現新問題。其中一個最早探問的問題是：「**人為何賭博？**」白努利在十七世紀時就指出，基於效用以遞減的方式增加，人便討厭風險，寧可付費躲開，所以大家為住家、汽車等財產保險。保險費的英文premium 有溢酬／溢價之意，這一字選得甚好，因為保險公司要求的費用正高於預期損失。就是因為保險費超過任何可能損失的精算價值，才確保了保險公司的生存與繁榮。

然而，我們看待風險卻有另一個面向：很多人很愛賭！乍看之下令人難以置信。明明普遍對風險避之不及，誰又會想花錢承擔風險？這似乎有違直覺。

　　　　　　　　　　　　　　　　　經濟學的決策思想

其實這並不奇怪。自古以來，我們便賭個不停。美索不達米亞地區（位於今伊拉克）出土了西元前三千年的骰子，證明史前人類也喜歡玩靠運氣的遊戲。大約同一時期的埃及碑牌似乎也記錄了人的賭博行徑。西元前五世紀的文獻中，古希臘詩人索福克里斯（Sophocles）有提到骰子。也有證據顯示，中國在西元前三世紀以彩券籌資用於戰事，後來也以此募款修建長城。

儘管賭博深具魅力，卻常被視為不妥。佛陀（大約西元前 480 － 400 年）在《八正道》（*Eightfold Path*）中予以譴責，不過時代晚一點的印度思想家考底利耶大臣（Kautilya，西元前 371 － 283 年）不僅允許賭博行為，甚至訂定規範，設置賭博官負責管理——相對收取 5% 的獎金。

古羅馬人原本也容許賭博，直到拜占庭皇帝查士丁尼一世（西元 482 － 565 年）在由他下令編纂的重要法學典籍《查士丁尼法典》（*Corpus Iuris Civilis*）中明文禁止。其實大多數宗教都反對博弈。然而，儘管諸多指責，許多教堂並不介意用賓果這類賭運氣的遊戲募款；同樣地，政府也支持彩券的發行，藉此籌措經費，進行公共工程、從事教育等公共服務。事實上，哈佛、耶魯、普林斯頓等菁英學府的成立，彩券也有貢獻。

所以我們回到之前那個問題：誰會花錢承擔風險？瞧，就是有人喜歡冒險運動帶來的腎上腺素暴衝，像是賽車、高空彈跳、攀岩、雪道外滑雪。但白努利以降皆認為，我們不會想在有風險的金錢投資上花錢。那為何一般人會去買彩券？獎金的期望值很明顯低於購買彩券的成本，畢竟彩券行是靠那些溢價存活。

更教人驚訝的是，有很多人願意針對各類風險買保險以防萬一，卻又同時拿辛苦掙來的錢去賭。這是怎麼回事？**付錢避險**卻同時**花更多錢冒險**？

最先投入研究這項難題的有**米爾頓・傅利曼**（Milton Friedman）與他芝加哥大學的同事，統計學家**雷納德・薩維奇**（Leonard Savage）。兩人在 1948 年發表了一篇論文。在此之前、二次大戰的最後幾年，傅利曼（圖 8.1）在哥倫比亞大學研究武器設計、軍事戰術、冶金等；不過，最重要的是，1948 年 36 歲的他已是理論經濟學領域的明日之星。

圖 8.1：米爾頓・傅利曼

來源：維基共享資源；傅利曼教育選擇基金會
（Friedman Foundation for Educational Choice）

·傅利曼與薩維奇·

傅利曼一家來自伯雷格沙茲鎮（Beregszasz），位於當時奧匈帝國的匈牙利區。鎮上居民約一萬人，猶太裔佔多數，其中包括傅利曼的父母。[1]1890 年代末期，兩名青少年分別移居美國，數年後在紐約相遇、結婚，定居於布魯克林，這便是傅利曼 1912 年出生之地。傅利曼父親是個不太成功的生意人，母親在血汗工廠做事。早熟的傅利曼 16 歲時拿獎學金進入羅格斯大學（Rutgers University）。手頭拮据的他不得不到商店做收銀員、去餐廳當侍者換取午餐、暑假一直打工。他的目標是成為精算師，通過了一些考試，有些沒過。不過，芝加哥大學經濟系後來向他招手，提供研究生獎學金，使他下定了決心。

在芝加哥大學，傅利曼幸運地與一群傑出的經濟學者共事學習，並遇見蘿絲·德芮特（Rose Director），一位害羞內向但極聰明的經濟系學生。六年後，當兩人對大蕭條的恐懼消散，便攜手結婚。傅利曼之後在哥倫比亞大學取得博士學位，並於美國國家經濟研究局（National Bureau of Economic Research）、財政部、明尼蘇達大學（University of Minnesota）任職後，重返芝加哥大學任教，三十多年來都是

經濟學的決策思想

經濟系的傑出學者。退休後，他到史丹佛大學胡佛研究所，持續研究、寫作將近三十年。夫妻相伴的歲月中，蘿絲支持先生的工作不遺餘力。

　　傅利曼是貨幣學派的擁護者。貨幣學派主張貨幣供給會影響國民生產，能控制通貨膨脹。他支持自由市場，認為政府干預應降到最低。他提倡自由浮動匯率、教育券（school vouchers）的教育補貼制度【譯注：傅利曼認為這能讓學生有更多機會選擇適合自己的教育】、志願役、廢除官方發放醫師執照。[2] 毫無疑問，他是芝加哥大學經濟系的靈魂人物，「芝加哥學派」成為榮耀標誌，就像奧地利學派一般。1976 年，傅利曼獲頒諾貝爾經濟學獎 [3]，並於 1988 年獲頒總統自由勳章（Presidential Medal of Freedom）及國家科學獎章（National Medal of Science）。

　　傅利曼的合作夥伴是小他五歲的薩維奇（圖 8.2），眾所周知的「吉米」（Jimmie，他的中間名）。其實他祖父原姓奧古施維茨（Ogushevitz），後來他父親改成較為眾人熟悉，聽來也可能有些凌屬的薩維奇。

　　吉米的在校成績並不突出，不僅如此，老師還覺得他遲緩，但那是因為這男孩視力太差。「他不關心學校發生的事，因為他根本看不清楚周遭事物。」薩維奇的弟弟日後受訪時

圖 8.2：雷納德・薩維奇

來源：《雷納德・吉米・薩維奇書信、文件、論文全集》（Leonard Jimmie Savage Papers），陳列於耶魯大學圖書館手稿與檔案區（Manuscripts and Archives）。

表示。[4] 這男孩實際上很聰明,且可能是對課堂的乏味感到厭煩,這想必加劇了師長對他的誤判。

儘管成績平平,父親仍把他弄進密西根大學(University of Michigan)念化學工程,可惜事與願違。由於視力太差,他造成化學實驗室失火,慘遭退學。父親再次插手,這位年輕人獲准重新入學,但這回轉而攻讀物理,畢竟這比化學安全——至少就學校環境而言。他最終將全副注意轉到數學上,拿到學士學位,結了婚,三年後拿到純數學博士學位。

被視為傑出的博士後研究生,薩維奇接著到普林斯頓高等研究院,成為馮·紐曼的統計助理。馮·紐曼很看好他的才華,建議他鑽研統計。薩維奇之後待過康乃爾、布朗、哥倫比亞、紐約、芝加哥、密西根等大學,最終落腳耶魯。他在此的終身職只做了 7 年,直到 1971 年過世,未滿 54 歲。

薩維奇最知名的著作為《統計學基礎》(*Foundations of Statistics*),1954 年出版。受拉姆齊的創新研究(見第六章)及馮·紐曼與摩根斯坦的賽局理論(見第七章)影響,他提出了一套理論,不僅關乎主觀效用,也涉及到個人機率(personal probability);所謂個人機率,乃根據此人信念的強度來決定。他的理論建立在一系列的公理上,其中一項公理便是馮·紐曼與摩根斯坦提出、看似單純無害的「獨立於

無關選項」。我們在第十章會看見，這項公理讓整個期望效用理論蒙上一層陰影。

○ ●

就是在芝加哥大學，經濟學教授傅利曼與統計研究員薩維奇聯手寫出那篇知名的論文。在論文發表的前一年（1947年），《賽局理論》第二版已經問世，收錄了那段極為重要的證明，印證了：遵守馮・紐曼－摩根斯坦四公理是人擁有效用函數的充分必要條件。

我們知道，一個人面對幾個無風險的選項時，他會選擇報酬最大者[5]，而且這時也等於是在追求效用最大化。然而，**面對風險**時，此人想最大化的其實是**報酬的期望效用**（expected utility of the payout），這和**期望報酬的效用**（utility of the expected payout）並不相同。由於金錢的邊際效用隨財富增加而遞減，最大化期望效用**不再等於**最大化期望報酬。既然每個人的金錢邊際效用都是遞減，邊際效用遞減又等於風險趨避，那顯然大家必定都會閃避風險。真的是這樣嗎？

這項理論在白努利時代便受到認可、馮・紐曼與摩根斯坦也提出佐證，但傅利曼和薩維奇仍對一點深感困惑，也就

經濟學的決策思想

是我在本章開頭所提的悖論：為何有這麼多討厭風險的人，一邊買保險以防萬一，卻又一邊從事賭博？為房子買保險，為何又去買彩券？「乍看之下十分矛盾，同一個人既買保險又去賭博：一方面，他願意付保費以躲避風險；另一方面，又去承擔賭博的風險，」他們寫道。不過，兩人接著指出，這樣弔詭的現象一點也不罕見，反而無所不在，連「許多政府都發現……彩券是提高收入的有效手段」。[6]

·邊際效用不減反增？·

檢視過所有展現人類冒險傾向的行為後，他們做出結論：「如果整體金錢效用曲線的形狀十分特殊，那麼這些觀察便完全符合〔馮・紐曼－摩根斯坦〕假設。」好，這「形狀十分特殊」指的是什麼？

截至目前，我們不斷重複，包括這一章與之前的內容都表示，財富的邊際效用隨著財富的增加而遞減：財富的效用提高，但提高的程度隨著財富增加而愈來愈少。（換言之，效用曲線的坡度越發平緩。）畢竟眾所公認，第二勺的冰淇淋不像第一勺那麼令人開心；額外一美元帶給富人的效用低

於帶給窮人的。畫在座標紙上，效用函數的曲線上升但往下彎；以術語來說的話，就是從下往上看效用函數呈**凹狀**。但，或許這並不是所有財富狀況都適用？也許有介於 1 美元到 100 萬美元間，某些財富規模的邊際效用是**繼續增加**的？

這正是傅利曼與薩維奇的主張。他們舉例，如果某一筆額外的財富能讓一名貧困的勞工晉身中產階級，那肯定非常值得，畢竟這筆錢能改變他的人生。於是，多 1 元或許微不足道，但多 1 萬元恐怕能帶來超過 1 元的萬倍效用。這意味著，**在這個財富範圍內，邊際效用會提高**。而這也自然代表，儘管贏面不大，這個人將會樂於下注。（附帶一提，請記得馮・紐曼與摩根斯坦並沒有規定邊際效用一定減少，也就是效用曲線不一定趨向平緩。）

為了說明，我們假設有位名叫席拉的女性，她的經濟狀況小康，有一棟值 10 萬美元的房子，銀行存款 5 萬。她可能有為房子買保險，因為在 0 到大約 15 萬元的財富區間裡，她的財富效用函數曲線呈凹狀。但席拉真正想要的是晉身「25 萬美元以上」的階級。為了達到此目標，她可能願意付 10 美元買張彩券，讓她有贏得 10 萬美元的機會⋯⋯即便她心知肚明，這筆投資有可能泡湯。她有這樣參賭的意願，表示她的效用函數在 15 萬到 25 萬美元之間呈現**凸狀**。

假設席拉果真贏得大獎，成為具備 25 萬美元以上財富的新貴，她將再度躲避風險好保障這個新的身份。於是，超出 25 萬美元後，她的效用函數再度呈**凹狀**（見圖 8.3）。這一切意味著，以她目前 15 萬美元的資產，她願意同時購買彩券跟房屋保險。矛盾破解了！

圖 8.3：席拉財富的效用函數

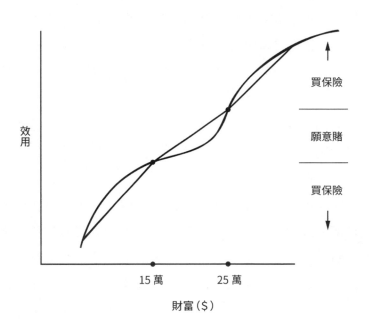

所以，一條**起伏擺盪**的效用函數——可以提供「還算滿意的解釋」，兩位作者這麼表示——說明了為什麼那麼多人又買保險又賭博。這些波浪起伏可描繪不同社經階層的情況，最前與最後的**凹狀區間**代表低財富及高財富，中間的**凸狀區間**則點出願意冒險晉身上流的企圖。此外，這樣的波浪狀頗符合馮‧紐曼－摩根斯坦的體系：決策者不曾違反任何公理，仍可將財富效用極大化——儘管在特定區間裡效用曲線呈凸狀。

　　傅利曼與薩維奇的理論能解釋一切冒險之舉，不光只是買彩券、去賭場賭博而已；如何投資、職業抉擇、投身創業，也都包含在內。然而，兩人仍想不透一點：「假設大家賭博或買保險前都會先求教於一條擺盪的效用曲線；假設他們知道眼前賭局跟保險方案的賠率，能先算出個別的期望效用，再根據期望效用的大小做出決定，」他們自問，「這樣假設不會太不切實際了嗎？」

　　沒錯，那會非常不切實際。做決定以前，絕對沒人會先檢視自己的效用函數，進行複雜的計算。不過傅利曼和薩維奇認為這並不重要。他們表示，重要的是決策者的行為看起來**好像**檢查過了自身的效用函數、**好像**知道賠率、**好像**算過期望效用值。一個理論是否有效，純粹取決於，針對理論要

處理的問題，理論是否能**預測得夠正確**。他們認為，這就好比撞球手懂彈性碰撞方程式，能正確目測角度，迅速計算後出桿擊球。究竟如何，要做了才知道。從這角度來看，波浪狀效用曲線表現得相當不錯。

·波浪函數的悖論·

論文發表後不久，一位觀察敏銳的研究生注意到，傅利曼和薩維奇兩人試圖解釋保險－賭博矛盾時，不經意地引出了另一個悖論。他們的模型包含了某個行為，這個行為如果在真實生活中發生，根本違反常理。以雅伯塔為例，她的財富中等，恰好就在貧窮與富有之間。根據傅利曼和薩維奇，財富高與財富低兩個區間的效用函數為凹，中間為凸。雅伯塔發現自己落在凸狀區（即冒險區）的中間。此刻給雅伯塔這個賭局：拋擲一銅板，輸家變窮、贏家變富。這個賭博就精算來說很公平，因為預期報酬為零：若重複多次，平均而言，雅伯塔將維持在目前的財富水準。

在傅利曼－薩維奇的體系中，財富狀況處在樂於賭博區間的雅伯塔應該會馬上行動。但事實上，這名學生說，有哪

個屬於中等財富的正常人會投入一場讓她變富有或變貧困的賭局？她幹嘛呢？就只為了——平均而言——回到她眼前的狀況嗎？但在傅利曼—薩維奇的世界，雅伯塔是很愛這種賭局的。所以這個理論需要精進。

·馬可維茲的調查·

這位研究生是哈利·馬可維茲（Harry Markowitz）。他1928 年生於芝加哥，是馬可維茲夫婦莫里斯（Morris）和穆德莉（Mildred）的獨生子，生長在大蕭條時代。父母經營一間販賣食品及乾貨的小雜貨店，沒太受到當時席捲全美的絕望感波及。家中衣食無虞，這男孩有自己的房間。他喜歡棒球跟觸式欖球（tag football），高中在學校管弦樂團拉小提琴，酷愛閱讀。

馬可維茲大學時期偏好哲學與物理，但以兩年拿到芝加哥大學文科學士學位後，他決定要念經濟。儘管對總體與個體經濟學都很感興趣，但真正吸引他的是不確定性經濟學（economics of uncertainty）。讀了《賽局理論》後，他開始著迷於馮·紐曼與摩根斯坦對期望效用的論點、傅利曼與薩

維奇的效用函數，以及薩維奇的個人效用概念。在芝加哥大學的期間，他有幸成為傅利曼與薩維奇的學生。

意識到傅利曼－薩維奇論文裡的矛盾，馬可維茲覺得有必要深入挖掘。他在朋友間進行了一場調查，提出下列問題：

- 確定得到 10 分錢，或十分之一的機會得到 1 美元，你比較想要哪一種？
- 確定得到 1 美元，或十分之一的機會得到 10 美元，你比較想要哪一種？
- 確定得到 10 美元，或十分之一的機會得到 100 美元，你比較想要哪一種？
- 確定得到 100 美元，或十分之一的機會得到 1000 美元，你比較想要哪一種？
- 確定得到 100 萬美元，或十分之一的機會得到 1000 萬美元，你比較想要哪一種？

「（我中產朋友的）典型答案是，」他寫道，大多數人寧可去賭 1 美元，而不想要絕對能入袋的 10 分錢；大多數人也傾向賭 10 美元，而不想要絕對能入袋的 1 美元。但接下來開始出現差異。有人寧可 10 美元落袋而不想賭 100 美元，但

其他人剛好相反。他也發現，針對 100 美元直接入袋跟賭一把 1000 美元的情境，大家的偏好也不同。然而，等他問到最後——確定拿到一百萬，還是賭個一千萬——所有人都情願直接拿一百萬，毫無例外。[7]

馬可維茲又從**另一個方向**提出下列問題：

- 確定欠 10 分錢，或十分之一的機會欠 1 美元，你比較想要那一種？
- 確定欠 1 美元，或十分之一的機會欠 10 美元，你比較想要那一種？
- 確定欠 10 美元，或十分之一的機會欠 100 美元，你比較想要那一種？
- 確定欠 100 美元，或十分之一的機會欠 1000 美元，你比較想要那一種？
- 確定欠 100 萬美元，或十分之一的機會欠 1000 萬美元，你比較想要那一種？

大體上，眾人寧可就欠 10 分錢，也不想有十分之一的可能欠 1 美元；寧可就欠 1 美元，別有十分之一的可能欠 10 元。在那之後，看法又分歧，等來到數目最大的那一題，「每個

　　　　　　　　　　　　　　　　　　　經濟學的決策思想

人幾乎都寧可有十分之一的機會欠一千萬美元，而不要確定欠一百萬美元」。[8]

　　馬可維茲的這項調查顯示，朋友的反應會因為是**獲利**還是**負債**而有所不同。面對潛在獲利，他們願冒險賭小額，對大額就顯得保守。然而，面對潛在損失，他們不願冒險賭小額，反倒願意賭大額。

·波浪圖形的修正·

　　這對效用曲線產生何種意義？傅利曼與薩維奇的論文設想了三個區間——財富低呈凹狀，財富中等為凸狀，財富高又呈凹狀；馬可維茲則把人目前的財產修正到中間，就在凹狀轉凸狀之際（見圖 8.4）。目前財產的右手邊代表**獲利**，效用曲線最初呈**凸狀**。左手邊代表**損失**，最初呈凹狀。然而繼續下去，還有兩個區間：**獲利極大**時，曲線又呈**凹狀**；**損失極大**時，又呈**凸狀**。

　　馬可維茲聲稱，這些事實是根據「一個普遍的現象：大家在紙牌、骰子這類賭博遊戲中，**損失不多**時會顯得**謹慎**〔風險趨避〕，**獲利不多**時則比較**大膽**〔比較冒險〕」。

圖 8.4：傅利曼的波浪，馬可維茲的波浪

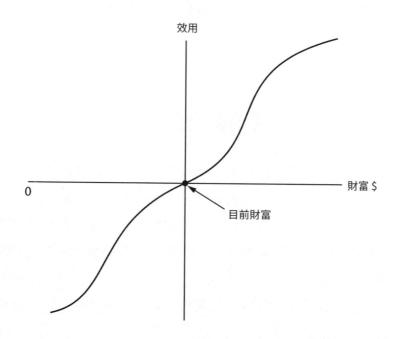

——————————————————— 經濟學的決策思想

馬可維茲也多解釋了效用曲線應有的形狀——左邊（損失）下降得會比右邊（獲利）上升得快；上下有其限度；和窮人相比，富人最後兩端的波浪距離目前財富水準較遠。和傅利曼與薩維奇的效用函數一樣，馬可維茲的多重波浪圖形也說明了我們何以既買保險又去賭博；但與傅利曼兩人相反的是，馬可維茲的圖形避開了這個矛盾：雅伯塔會選擇參加一個讓她變富或變窮的公平賭局。

　　就現代標準而言，馬可維茲的論文不夠嚴謹。除了對朋友進行粗略的訪查，馬可維茲的主張缺乏實際的驗證，使得這篇論文不太可能獲得學術期刊的青睞。[9] 馬可維茲顯然明白這點，因為他在文章結尾時表示：「有人可能會質疑本文論點根據的證據站不住腳……我了解自己未能『掃除一切疑慮』地證明這些假設『真實無偽』。我試圖呈現、形塑，且某種程度上解釋及證明一項假設；而這個假設是大家在解釋風險或不確定性下的行為，或設計相關實驗時，應該要牢記在心的。」和一般的自我辯護相比，這番話恐怕會讓審稿人與讀者皺眉。儘管如此，傅利曼與薩維奇描繪的效用函數圖形，或馬可維茲提出的，似乎都能破解保險－賭博的悖論。

無論如何，〈財富效用〉（Utility of Wealth）一文只是馬可維茲玩票之作，同一年在《金融期刊》（*Journal of Finance*）發表的〈投資組合〉（Portfolio Selection）才是真正讓他成名且當之無愧的文章。[10] 當時還是博士生的馬可維茲決定將數學方法用在股票市場上。這個想法在某次與同事的閒聊中浮現。當時一般都認為，股票價值乃其未來股利的當前折現價值。但由於未來股利並不確定，馬可維茲認為，那便意味著股票價值其實是取決於其**「預期」之未來股利的當前折現價值**。「但若投資者只在乎證券的期望值，」馬可維茲指出，「他／她將只在乎投資組合的期望值；而要極大化投資組合的期望值，只需投資單一證券即可。我知道投資者實際上並不會這麼做，或不應該這麼做。投資人分散投資，因為他們**除了關心收益，也在乎風險**。」[11]

　　現代投資組合理論就此誕生。會需要「現代」這一詞修辭，是因為我們在第一章已看到，分散概念白努利在三個世紀前便已提出。因為這篇論文，以及之後對金融經濟學（financial economics）發展的諸多貢獻，馬可維茲於 1990 年獲頒諾貝爾經濟學獎（圖 8.5）。

圖 8.5：哈利・馬可維茲領取諾貝爾獎

哈利・馬可維茲公司（Harry Markowitz Company）提供

第九章

比較那不可比較者

·效用不能比較？·

　　之前說過，效用理論的一個缺點是無法比較不同人的效用。問題出在**測量**。最直接的測量方法是計算有多少單位。參加川普就職典禮的群眾人數絕對少於歐巴馬兩任就職的任何一次，「假新聞」卻依然在推特上沸騰。重量、長度也能客觀度量、比較。公斤的原型（Kilogramme des Archives）及公尺原型（Mètre des Archives），都存放於巴黎附近的國際度量衡局（International Bureau of Weights and Measures），作為一切測量的標準，至於被測量的物件本身則無關緊要。[1] 於是，2 公斤的馬鈴薯等於 1 公斤胡蘿蔔的兩倍，20 公分木尺等於 60 公分金屬棒的三分之一。而採用人為制定的測量尺度時，問題就來了。

我們在第六章說過，莫氏硬度是測量礦物之間的相對硬度與抗磨性。於是，鑽石（硬度 10）能刮傷石英（硬度 7），滑石（硬度 1）會被其他任何礦物刮傷。但由於莫氏硬度只衡量相對硬度，故僅能呈現排序。因此黃玉（硬度 8）較螢石（硬度 4）硬，卻不代表硬度是螢石的兩倍。

溫度的話，起碼我們能提供客觀、絕對的測量結果。即便如此，我們也不能說 100° F 的鳳凰城比 50° F 的波士頓熱兩倍。這道理在我們轉換成攝氏單位時馬上一清二楚：鳳凰城 37.4° C、波士頓 9.9° C。兩種度量體系之下，鳳凰城都比波士頓熱，但熱上兩倍？門都沒有！

效用完全是另一回事。效用不僅無法像人數、重量、時間跨度、長度一般客觀測量，甚至不能像礦物硬度一般比較。效用是一種**心理概念**，就是無法以現行、已知的方式衡量。情緒感受完全主觀，無法客觀量測。以疼痛為例，分娩的婦人要比遭腎結石折磨的男子更痛苦嗎？或拿快樂來說，置身子孫的歡鬧中，與獨自徜徉綠地的快樂能相比嗎？

同理，效用**無法用數值測量**。馮·紐曼及摩根斯坦，還有白努利與克拉瑪都明定，某人的效用函數、圖形都是只適用於這個人的排序。你可以對效用進行任何數學計算，只要保持單調（monotone）即可，也就是始終維持上升。例如，

你可以把效用平方或乘上 10，而不改變排序。尤其，馮・紐曼與摩根斯坦的效用函數能進行線性轉換（可將效用乘上某一常數，再加上另一常數，順序不改變）。攝氏溫度也只是華氏溫度的線性轉換。[2] 因此，若以攝氏測量時比較熱，以華氏測量時也會比較熱，儘管不能直接比較兩者的數值。

回想一下，白努利建議用對數指稱財富效用，克拉瑪則用平方根。兩種指標都合理，但一個人的決定雖然可從自己的效用函數清楚看出，卻不可能與他人比較——就像不能比較華氏溫度與攝氏一樣。橘子對此人的效用，無法跟香蕉對那人的效用比較。你甚至不能拿葡萄對此人的效用，去比較同樣的葡萄對那人的效用。第一塊餅乾對某人的效用，也無法與第十塊餅乾帶來的效用進行數值比較，頂多只能說第十塊的效用少於第一塊。

不同人之間的效用無法相比，原因在於效用有如莫氏硬度，頂多是次序尺度（即排序），而不是能加減的基數尺度，像公尺、公分。因此，你可以說 1000 元帶給山姆的效用比 500 元帶來的效用多，但不能說多多少。你更不能說，200 元帶給山姆的效用，和帶給湯姆的效用相比，要來得多或少。

然而，意外的是，人與人之間有一樣東西能互相比較：**趨避風險的程度**。兩位教授——一位身在美國西岸，另一位

則在東岸——發展出一套測量方法，來判定人看待風險的態度，而且彼此起初都不知道對方的研究成果。他們是史丹佛大學經濟學教授**肯尼斯・阿羅**（Kenneth Joseph Arrow），與哈佛商學院教授**約翰・普拉特**（John Winsor Pratt）。

・阿羅其人其事・

阿羅（1921 － 2017，圖 9.1）在紐約市出生，年少時期與求學期間都在此度過。[3] 一家人原本生活寬裕，但大蕭條讓他們幾乎失去一切積蓄；之後的十年，他們家境拮据。阿羅要上大學時，父母幾乎拿不出錢，所幸紐約市立學院（City College of New York）讓市民免學費接受高等教育，阿羅畢生感謝這個機會。他在紐約市立學院主修數學，副修歷史、經濟、教育，並有志成為數學老師。然而，他因成績最優異榮獲金佩爾獎章（Gold Pell Medal）畢業時，紐約市教職卻沒半個空缺，於是他進了哥倫比亞大學繼續攻讀數學。1941 年拿到碩士學位，對下一步毫無頭緒。

好在阿羅非常幸運。他在哥倫比亞大學有修一門哈羅德・霍特林（Harold Hotelling）的數理經濟課程，霍特林是在

圖 9.1：肯尼斯・阿羅

© Chuck Painter / Stanford News Service

經濟學的決策思想

經濟系任教的統計學家。這段經歷影響深遠：阿羅立志從此將這一生奉獻給數理經濟學。之後他獲得經濟系獎學金，但二次世界大戰攪亂一切。1942 年他加入美國陸軍航空兵團（United States Army Air Corps）出任氣象軍官，升至長期天氣預報小組（Long Range Forecasting Group）的上尉。某天，阿羅與同事運用學術專業，將工作成果進行統計測試；他們想調查，這個小組的目標——預測一個月後的雨天天數——是否達成。結果不出他們所料：沒有。於是他們寫信給兵團指揮上將，建議解散長期天氣預報小組。答覆半年後到來：「將軍十分明白你們的預測不盡理想，但基於規劃需要，這些資料實屬必須。」[4] 因此，這個小組繼續晴雨預報的任務，運用的技巧與從帽子裡抽籤差不多。1946 年，阿羅離開兵團，這段經歷倒是成就了一樁美事：他於 1949 年發表了第一篇科學論文〈論飛行規劃中的風力最佳運用〉（On the Optimal Use of Winds for Flight Planning），發表在《氣象學報》（*Journal of Meteorology*）。

戰後，阿羅回到哥倫比亞大學繼續研究工作。家人在大蕭條期間的困頓他銘記在心，遂想找個穩固踏實的工作。有一陣子，他盤算起當人壽保險精算師——也真通過一系列精算師的考試。但在他尋覓保險業的工作時，一位較年長的同

事勸退了他，於是阿羅決定投身研究。1947 年，他加入芝加哥大學的考爾斯經濟學研究委員會（Cowles for Research in Economics）。他在那裡遇上了「很棒的學術氛圍……與年輕進取的計量經濟學家和精通數學的經濟學家為伍」。也是在此，他遇見了年輕的研究生瑟瑪·史威哲（Selma Schweitzer），後來兩人共結連理。史威哲會來到考爾斯基金會，是拿了一筆專為投身社會科學量化研究的女性而設的獎學金。（這份獎學金原本是為「聖公會〔Episcopal Church〕女性」而設，後來拿掉了宗教考量——這值得慶幸，因為史威哲與阿羅一樣都是猶太人。）

就在馮·紐曼與摩根斯坦的《賽局理論與經濟行為》問世的幾年後，阿羅自 1948 年起，暑期都在加州聖塔莫尼卡的蘭德公司（RAND Corporation）度過，這是首座非營利性的全球政策研究機構，為之後所有智庫的典範。1949 年，阿羅被任命為史丹佛大學經濟與統計學的代理助理教授，之後一路晉升，最終成為經濟學與作業研究學（operations research）【編按：也稱運籌學，解決管理相關問題的學科】教授。除了中間在哈佛待過 11 年，期間參訪了劍橋大學、牛津大學、錫耶納大學（University of Siena）、維也納大學外，阿羅的職業生涯幾乎都在史丹佛大學度過，直到 1991 年退休為止。

在他獲得的諸多獎項中，包括 1957 年的約翰・貝茨・克拉克獎（John Bates Clark Medal）——每年頒給一位 40 歲以下的傑出經濟學家；當然，也包括 1972 年與約翰・希克斯（John Hicks）共同獲得的諾貝爾經濟學獎。獲選為美國國家科學院（National Academy of Sciences）院士與美國哲學學會（American Philosophical Society）會員的他，獲得超過二十座的榮譽博士學位。連梵蒂岡也參一腳，讓他成為宗座社會科學院（Pontifical Academy of Social Sciences）的一員。在他豐富的職涯中，阿羅亦曾出任國際計量經濟學會（Econometric Society）主席，任職於白宮經濟顧問委員會（Council of Economic Advisers），並且是諸多學術協會的成員。他於 2017 年逝世。

阿羅最著名的成就之一，其實藏在他的博士論文裡，那不同凡響的「**不可能定理**」（Impossibility Theorem）：「若我們排除了比較人與人效用的可能性，那麼要將個人喜好轉換成社會偏好（這樣的社會偏好要使人滿意，且能反映出不同族群的偏好排序），唯一的手段只有靠**強加**或**獨裁**。」[5] 換言之，根本沒有合理之道能以民主的方法選出領袖。即使眾人稱頌的多數原則也有極為嚴重的缺點。[6] 為什麼會產生這樣令人沮喪的情況？就是因為人與人的效用無法相比！

·普拉特其人其事·

　　1960 年代初，阿羅在史丹佛講授經濟學，尤其是不確定性經濟學之際，美國的另一頭，有位年輕的哈佛商學院教授正忙著研究類似的題目。普拉特生於 1931 年，於普林斯頓大學畢業後，1956 年拿到史丹佛大學統計學的博士。他的博士論文《單參數多變量波利亞分布決策論之部分結果》(*Some Results in the Decision Theory of One-parameter Multivariate Polya-Type Distribution*) 預示了決策研究是他的畢生志業。他於 1962 年獲選為美國統計協會會士（Fellow of the American Statistical Association）、1988 年獲選美國文理科學院（American Academy of Arts and Sciences）院士。他是《統計決策理論導論》（*Introduction to Statistical Decision Theory*）一書的共同作者，本書於 1995 年由麻省理工學院出版社（The MIT Press）出版。他也曾任美國國家科學院環境監督、普查方法、統計學前景委員會的主席。1999 年，決策分析學會（Decision Analysis Society）為了表彰他在決策分析領域的貢獻，頒給他學會最崇高的拉姆齊獎章（Frank P. Ramsey Medal）。這個獎項是為了紀念劍橋數學家拉姆齊，也就是本書第六章的主角。

　　一篇論文讓普拉特聲譽鵲起，名為〈**整體與局部的風險**

趨避〉（Risk Aversion in the Small and in the Large），1964 年
1 月刊於《計量經濟學》。這篇文章隨即成為當時最常引用的
經濟學論文之一。近年盛況不再，並非因為文章失去實用性，
而是因普拉特介紹的概念已成主流，毋須特地再提。

　　「這篇論文關乎金錢的效用函數，」普拉特開宗明義寫
道，討論「局部風險趨避的衡量方法，也就是針對某任意風
險的風險溢價或保險費」。[7] 接著他破題：雖然以傳統概念
來說，效用可以排序、不能衡量，不過他主張，一個人**對風
險厭惡的程度，**可藉由他**願意付多少保費**避開風險來加以衡
量。這方法與拉姆齊的類似，拉姆齊認為一個人有多相信某
個可能性，就看他願意為了求證所做的努力。例如，如果愈
相信自己走的路沒有錯，那麼願意離開這條路、拐彎走去問
人的距離就愈短（見第六章）。

　　描述普拉特提議拿什麼來衡量趨避風險的程度之前，讓
我先整理一下阿羅在這方面的成果。1962 年，大約是普拉
特著手研究怎麼測量風險趨避的時候，阿羅在史丹佛教授一
門名叫「不確定性經濟學」的課程。第六講涉及流動性偏好

（liquidity preference，指的是：相較於可能獲利卻也可能虧損的有風險投資，大家更偏好無風險的現金，即便不會產生利息），阿羅特別談到決策者最好應該放多少錢作投資，其餘財產以現金保留；他表示，投資金額端看此人的財力而定。阿羅在推導過程中，介紹了一種衡量投資人風險趨避程度的數學表達式，跟普拉特發現的一模一樣。

　　之前提到，普拉特並不曉得阿羅的研究。當時沒有網際網路，除了阿羅的史丹佛學生，恐怕沒人聽過那個衡量法。沒多久，阿羅收到邀請，請他前往芬蘭的赫爾辛基，在第一屆的葉留‧揚森講座（Yrjö Jahnsson Lectures）上發表演說。葉留‧揚森是一位芬蘭經濟學教授，他經商致富卻英年早逝。這個講座如今頗負盛名，因為有 10 位受邀演說的講者之後都獲頒諾貝爾經濟學獎。當時，阿羅決定談他針對風險趨避的研究。演說日期是 1963 年 12 月，題目為「**風險承擔理論面面觀**」（Aspects of the Theory of Risk Bearing）。普拉特此時才知道阿羅的成果。由於自己的論文出版在即，他設法在最後增添一節「阿羅相關研究」。兩位教授各自獨立發現的數學表達式，後來就稱為**阿羅－普拉特風險趨避測量法**。總之，人與人的效用雖然無法相比，風險溢價卻能比較。

·風險趨避的數學表達式·

你也許還記得第一章提到，一個人的風險溢價，等於**效用曲線**與**兩筆財富形成的斜線**之間的**水平距離**。為了省去你回頭翻閱的麻煩，我來重複一下第一章的論點與圖形（見圖 9.2）。

假設平波度先生有 50 － 50 的機會贏得 2000 或 3000 枚金幣，他這筆財富的期望值便是 2500 枚金幣（2000 的 50%，加上 3000 的 50%）。若眼前有立刻實拿 2440 枚金幣的機會，討厭風險的他將會接受。數學上的解釋如下：

首先，我們將 $ 軸上 2000 枚金幣的財富標為（a），由此找到效用曲線上的（b），根據 U 軸位置（c），可知效用值為 7.6。3000 枚金幣也一樣，在 $ 軸上標出（d），找到效用曲線上的（e），對應到 U 軸的（f），可知效用值為 8.0。我們再從 U 軸找到期望效用，就在 7.6 與 8.0 中間［即 7.8（g）］。（在中間是因為贏的機率為 50 － 50。若機率不同，期望效用在 U 軸上的位置也要相應調整。）問題來了：效用 7.8 對應的金幣價值是多少？我們從期望效用 7.8 對應到效用函數（h），那等於 $ 軸上的 2440（i）。但這個賭局

數學上的貨幣期望值，是落在 2000 與 3000 枚金幣中間〔即 2500 枚金幣（j）〕。到此結束。對平波度先生而言，2440 枚金幣這筆肯定落袋之財，相較於下注參賭，兩者帶給他的效用相同。i 與 j 的貨幣差距——60 枚金幣——即是他願意為了避開賭局付出的代價。

同樣處境，另一人也許肯付 70、55 枚金幣或其他數目。他們各自的效用無法相比，但各自願意付出的風險溢價能夠比較。因此，決策者的風險趨避程度由那段平行距離決定。

現在，關鍵的問題是：效用函數圖性如何影響那段平行距離的長度？是曲線的**斜率** U'（財富）嗎？還是它的**曲率** U''（財富）？兩者皆否，因為不同斜率跟不同曲率都可能導致同樣的風險溢價。[8] 因此，斜率或曲率**都不能單獨決定**風險趨避程度。阿羅和普拉特發現的風險趨避測量法，是**同時包含**效用的斜率與曲率的**財富函數**（function of wealth）：

以財富函數表達的風險趨避＝－ U''（財富）／ U'（財富）

阿羅和普拉特其實就是把風險趨避測量定義為：效用函數的曲率被斜率標準化（normalized）（換言之：曲率比斜率

經濟學的決策思想

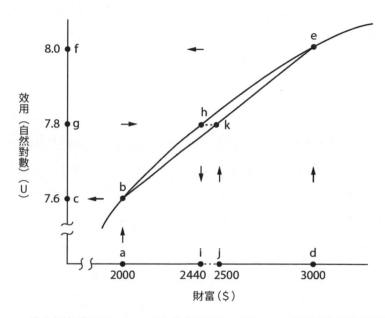

圖 9.2：財富效用

註：曲線（經過 b、h、e 點）為自然對數，而 b、k、e 所構成的純粹是直線。

大幾倍？）。由於對風險趨避者來說，U''是負的，而對每個人來說，U'皆為正，所以風險趨避程度往往為正數。[9] 此外，阿羅跟普拉特還定義了另一種測量方式，也就是「**相對風險趨避**」（relative risk aversion）程度：就是前述定義出來的**絕對風險趨避**（absolute risk aversion）乘上**財富**。

● ○

　　一個有趣的問題是：當財富增加，風險趨避程度是增加、下降，還是維持不變？沒有正確答案，因為大家各不相同。有些人可能愈富有就愈沒那麼害怕風險，其他人卻可能不然。重要的是**風險趨避程度具備的涵義**。就像普拉特在論文中指出，絕對風險趨避遞減代表：決策者愈有錢，願意為某種風險支付的保費愈低；反之亦然。或者像阿羅於演說中提到，絕對風險趨避遞減意味著：投資人愈有錢，愈容易投資更多有風險的商品。相對風險趨避也是如此。相對風險趨避遞減代表，投資人將拿更大一部份的財富投資風險商品，或只願意支付較少的保費（溢價）抵禦可能危及資產的風險。

　　許多研究顯示，一般人的**絕對風險趨避**往往隨著**財富增加**而**遞減**，而**相對風險趨避值**大致在 1.0 左右。[10] 這個發現

　　　　　　　　　　　　　　　　　　　　　經濟學的決策思想

非常有趣，因為這意味著經過數學運算，**對數函數**最能表現多數人的效用，就像白努利早在 1738 年所主張的。而這又代表，無論多有錢，投資者投注在風險商品的**財富比例**往往維持**不變**。[11]

第三部

……但，人是
萬物的量尺

第十章

更多悖論

・自學成才的經濟學家・

莫里斯・阿萊（Maurice Allais）剛滿 3 歲沒多久，他的父親就於 1914 年 8 月被徵召入伍，參與第一次世界大戰。這個法國小男孩從此再也沒見過父親。父親遭德軍俘虜七個月後，死於俘虜營。這份遺憾不僅影響了男孩的年少時光，更深深影響了他的一生。

阿萊生於一個法國典型的勞工階級家庭，外公曾是木匠，乾酪商爸爸在巴黎有間小店。父親過世後，徘徊在貧窮邊緣的母親獨自撫養他長大。這孩子從小展露不凡天賦，高中表現突出，常是班上各科的第一名，無論是法文、拉丁文或數學，但他最喜歡歷史。阿萊原本想走歷史這條路，但數學老師認為，以他的聰明才智應該往科學發展，成功勸他改變了

志向。法國高等教育體系有時被批評為菁英主義，但正因如此，有天賦的年輕人即便沒什麼家世背景，也能進入一流學府。1931 年，阿萊錄取了菁英薈萃、競爭激烈的巴黎綜合理工學院，兩年後以全班第一名畢業。

剛畢業時，這個年輕人去了一趟美國。那時 1933 年，美國正處於經濟大蕭條時期。深受當地慘淡衰敗的景象震撼，他決定要了解事情為什麼發展到這步田地。就是那「工廠墳墓」的印象，讓他決定攻讀經濟學。「我的動機是希望能改善大家的生活，試著找出世界上許多問題的解方。那是我選擇經濟學的原因。我認為這樣能助人。」[1]

阿萊返回法國後，政府多個高階職位向他招手，但跟所有綜合理工學院的畢業生一樣，他得先服一年兵役。他進了砲兵部隊，之後又到巴黎國立高等礦業學校（École Nationale Supérieure des Mines）進修，兩年拿到工程學位。1937 年，這位剛畢業的 26 歲採礦工程師受到指派，負責法國 89 省中 5 個省的礦場、採石場與鐵路系統。但二次大戰很快就全面開打，阿萊被召回軍隊。身為中尉，他負責指揮義大利前線一個重型砲兵連。但在德國佔領巴黎後，與義大利的戰事僅持續兩週，從 1940 年 6 月 10 日至 25 日。停戰後，復員的阿萊回到德國佔領之下的法國原崗位。

就在戰爭最後幾年以及戰後三年中，阿萊邊從事行政工作，邊深度思考經濟學。主要靠著自學，同時每週勤耕 80 小時，他出版了頭兩本重要的著作：《探索經濟準則》（*À la Recherche d'une Discipline Économique*，1943 年）及《經濟與利息》（*Économie et Interêt*，1947 年），還有三本小冊子跟多篇報紙文章。他決定所有著作都以母語法文撰寫、出版——這將對他的生涯產生決定性的影響。

　　1948 年，他卸下行政職務，全心投入研究、教學、學術發表。除了從 1944 年起在高等礦業學校教授經濟分析，1946 年起在法國國家科學研究中心（Centre de la Recherche Scientifique）擔任某研究單位的主任，他還在其他地方授課，包括巴黎大學統計學研究所（1947 － 1968）、美國維吉尼亞大學（University of Virginia）的湯瑪斯・傑佛遜中心（Thomas Jefferson Center，1958 － 1959）、日內瓦的國際關係及發展學院（Graduate Institute of International and Development Studies，1967 － 1970），然後再回巴黎大學任教（1970 － 1985）。

　　阿萊對經濟學的許多貢獻，主要來自當初以學生身份赴美產生的體悟。他試圖解答所有經濟體的基本問題：如何**最大化經濟效能**，並**確保所得分配合理**。「所以，我成為經濟

　　　　　　　　　　　　　　　　　　　經濟學的決策思想

學者，並非因為我的教育，而是**環境**使然。成為經濟學者，是希望能努力奠定基礎，讓經濟與社會政策有效地在這些基礎上建立起來。」[2]

阿萊的科學研究帶來諸多榮譽，1988 年他更以「對市場理論及有效運用資源做出開創性貢獻」榮獲諾貝爾經濟學獎。當時他 72 歲，很多人不解諾貝爾委員會怎麼會過了這麼久才表揚這位法國經濟學者，尤其有些得獎人獲獎的研究都是阿萊早已做過，或由他奠定了基礎，例如 1970 年獲獎的保羅・薩繆爾森（Paul Samuelson）、1972 年的希克斯與阿羅，與 1987 年的羅伯特・梭羅（Robert Solow）。連他的學生傑哈・德布赫（Gerard Debreu），也在五年前榮獲諾貝爾獎。為什麼？理由很簡單：雖然經濟學與其他所有學科一樣，通用語言都是英語，阿萊卻始終用法語寫作。如果他早期的著作有英語版，「有一整個世代的經濟理論會有不一樣的發展，」薩繆爾森如此認為。[3]

阿萊的興趣也包括應用經濟學（即經濟管理、稅收、所得分配、貨幣政策、能源、運輸、採礦）。出於他對經濟發展因素、國際貿易自由化、國際經濟關係的貨幣情勢等相關研究，他積極參與多個組織，包括：歐洲聯邦主義者聯盟（European Union of Federalists）、歐洲運動

（European Movement）、整合大西洋運動（Movement for an Atlantic Union），及 歐 洲 經 濟 共 同 體（European Economic Community）。許多旨在成立北大西洋公約組織（North Atlantic Treaty Organization，NATO）與歐洲共同體（European Community）的國際會議裡，報告人都有他。

不過，阿萊反對建立共同的歐洲貨幣——並非他反對歐元，而是他認為在這之前，歐洲各國必須先成立完整的政治聯盟。此外，儘管他是極富盛名的自由主義智庫朝聖山學社（Société du Mont Pélerin）的創始成員之一，他卻不肯簽署組織章程，因為在他看來，內容太強調私有產權。

出人意表地，經濟學並非阿萊唯一留下印記的科學領域。受過正規科學訓練的他始終著迷於物理學，並於 1954 年初夏進行了一個結果令人困惑的實驗。他紀錄一個特別設計的「類錐擺」（paraconical pendulum）的運行，為期 30 天。過程中發生一次日全蝕，而當月球經過太陽前方，錐擺加速了。

這個結果之後又在二十次左右的日蝕期間重現，令人困惑至極，至今不得其解。一個可能的解釋是，月球行經太陽前方時，吸收或扭曲了重力波。這將意味著，因為穿過多少受了天體影響的以太（ether），空間沿不同軸展現出不同特性。然而，以太理論從 1887 年就遭到否定。還是說，實情並

非如此？阿萊的實驗有沒有可能讓這深受懷疑的理論敗部復活？進而也使愛因斯坦相對論的某些部分不再那麼確定？如果後面這點成真，阿萊想必會很高興，因為他一直深信愛因斯坦剽竊了亨利‧龐加萊（Henri Poincaré）的心血結晶。[4]要是阿萊也有為這個後來稱作「阿萊效應」（Allais effect）的現象找出令人信服的解釋，說不定會再次獲頒諾貝爾獎，而這回是物理學。[5]

·阿萊悖論：決策的心理層面·

本書感興趣的是阿萊早期的一項研究，可溯及 1952 年。阿萊在此之前已證明，一個市場經濟的均衡等同最大效能。現在他想將這個理論延伸至一個充滿不確定性的經濟體。

這時《賽局理論》第二版已發行了五年，馮‧紐曼與摩根斯坦附上了證明，表示嚴守他們的四公理是人擁有效用函數的充分必要條件。他們認為，任何理性的人一定會把自身效用的**數學期望值**最大化。

對阿萊而言，這種立場無法接受，因為忽略了一個事實：人類決策者是……呃，人類。他斷定，人做決定時，**數學期**

望值不可能是核心要素，核心要素必然在於**心理層面**。代表風險理論的基本心理要素，是心理價值圍繞均值的機率分布，不是效用值圍繞均值的機率分布。

　　白努利定出效用函數以遞減程度增加時，已相當程度地考慮到人類心理。之後，馮·紐曼與摩根斯坦、傅利曼、薩維奇及馬可維茲又繼續發展了這個理論。拉姆齊與薩維奇還主張，連機率這樣客觀的測量方式（如果真有所謂客觀的測量），也得從心理層面來看。但阿萊邁出了更大一步。

　　為了檢驗期望效用論的基本假設，特別是那些公理，阿萊設計了一個複雜的實驗，受試者約一百人，人人精通機率論。從任何合理的標準看，這些人都會按理性行事。阿萊向他們提出兩個問題。一邊讀這兩個問題時，請你一邊問問自己會怎麼作答。第一個問題是：

　　你喜歡下面哪種情況？[6]

　　（a）確定得到 100 萬元，

還是

　　（b）10% 的機會得到 500 萬元，

　　　　89% 的機會得到 100 萬元，

　　　　1% 的機會什麼都沒有。

各位讀者，你比較喜歡哪一個？

阿萊的受試者絕大多數都選（a）：確定拿到 100 萬元。
接著，阿萊又問第二題：

你喜歡哪種彩券？

（c）11% 的機會贏得 100 萬，

89% 的機會落空。

還是

（d）10% 的機會贏得 500 萬，

90% 的機會落空。

有問自己偏好哪一個嗎？

絕大多數受試者比較喜歡機率低一點，但獎金金額高很
多的選項——他們喜歡（d）勝過（c）。

驚喜來囉：大多數人的選擇——偏好（a）勝過（b），
偏好（d）勝過（c）——違反了「獨立於無關選項」，也就
是馮·紐曼與摩根斯坦那惡名昭彰的公理，也是薩維奇的公
理，……還有每個自認為「理性」思考的人的公理。

怎麼會這樣？答案不是那麼顯而易見。讓我們先把狀況
（a）改寫為（a'），而且講到「確定得到」的「確定」，就
等於 89% 加上 11%，於是這裡要做的決定是：

（a'）11% 的機會贏得 100 萬，
　　　89% 的機會贏得 100 萬，
還是
（b'）10% 的機會贏得 500 萬，
　　　89% 的機會贏得 100 萬，
　　　1% 的機會完全落空。

由於「89% 的機會贏得 100 萬」兩張彩券都有，這部分
和事件無關；而且根據馮・紐曼與摩根斯坦第四公理，應予
以忽略。因此，阿萊的問題簡化為：

（a''）11% 的機會贏得 100 萬，
還是
（b''）10% 的機會贏得 500 萬，
　　　　1% 的機會落空。

絕大多數阿萊的受試者——恐怕你也是——喜歡（a"）
勝過（b"）。注意，這個選擇未能最大化貨幣收益，但可從
財富邊際效用遞減（即風險趨避）的角度解釋。

目前為止沒問題，所以我們來看（c'）跟（d'），寫成：

（c'）11% 的機會贏得 100 萬，
　　　89% 的機會落空，
還是
（d'）10% 的機會贏得 500 萬，
　　　89% 的機會落空，
　　　1% 的機會落空。

這回是「89% 的機會落空」重複，所以無關，應予以忽略。
因此阿萊第二個問題可化約為：

（c"）11% 的機會贏得 100 萬，
還是
（d"）10% 的機會贏得 500 萬，
　　　1% 的機會落空。

絕大多數受試者選擇（d″）而不是（c″）。敏銳的你，是否留意到（a″）與（c″）、（b″）與（d″）完全一樣？但那麼多人喜歡（a″）勝過（b″），同時卻又喜歡（d″）勝過（c″）。多麼矛盾！兩張彩券都加上一句「89% 的機會贏得 100 萬」，結果大家選（a）不選（b）；但若加上「89% 的機會落空」，反而就喜歡（d）勝過（c）。

　　另一種理解此悖論的方法是計算獎金的期望值。賭局（a）的期望值是 100 萬元，（b）是 139 萬元；（c）的期望值是 11 萬，（d）是 50 萬。所以根據期望效用理論，（b）應當優於（a），（d）應優於（c）。在第一局裡，大家偏好風險較低的選項勝過期望效用較高者；但在第二個局裡，期望效用高的選項勝過風險較低者。

　　落入這個圈套的人包括薩維奇自己。1952 年 5 月，阿萊在巴黎舉辦了一場研討會，名為「風險承擔理論的基礎和應用」（Foundations and Applications of the Theory of Risk Bearing）。經濟學理論的重量級人物都出席了。當然，傅利曼（1976 年諾貝爾獎得主）與薩維奇在那裡；此外，朗納・佛里希（Ragnar Frisch，1969 年諾貝爾獎）、薩繆爾森（1970 年諾貝爾獎）、阿羅（1972 年諾貝爾獎）和其他許多厲害的角色也都到場了。

　　　　　　　　　　　　　　　　　　　經濟學的決策思想

午餐時，阿萊給薩維奇看了題目。這位跟大家一樣熟悉理性決策的統計家想了一下……馬上選了（a）跟（d）。當阿萊指出他的「非理性」，薩維奇苦惱至極──他違反了自己的理論！另一方面，阿萊樂不可支。藉著挑戰「獨立於無關選項」這條公理，他的午餐測驗可把他謔稱為「理性決策理論的美國學派」──馮·紐曼、摩根斯坦與薩維奇那麼出色的成就──搞得天翻地覆。

　　針對這個悖論，阿萊以「偏好近乎確定的安全性」（preference for security in the neighborhood of certainty）來解釋，指的是一般人明顯較看重近乎確定的事件，這是一個深沉的心理現實，即便可能不理性。如他的實驗所示，這推倒了第四公理──獨立於無關選項。

　　由於期望效用理論不容許這樣缺乏理性，我們的論述勢必得有所改變。「若有這麼多人沒多思考就接受這項公理，」阿萊寫道，「那是因為他們不了解全部的可能狀況，其中有些──遠遠超出理性──在特定心理狀態下會變得十分不理性。」[7] 理性人──面對風險時，仍根據期望效用理論行事──根本不存在。

·披露五角大廈文件的人·

　　過了幾年，期望效用理論再度受到另一個悖論的重擊。
這部分的故事與 1971 年一樁歷史事件有關──《紐約時報》、
《華盛頓郵報》等十幾家報社揭露所謂的「五角大廈文件」
（Pentagon Papers），這起著名的洩密案。這份調查報告是根
據美國國防部長羅伯特・麥納瑪拉（Robert McNamara）的指
示進行，研究美國在越南的軍事介入情況。這份文件指出──
在諸多令人深感羞恥的細節中──越戰如何在沒告知美國人
民的情況下擴展到寮國與柬埔寨，好幾位美國政府官員如何
誤導國會，好幾任總統又如何蓄意對人民撒謊。這份文件被
列為最高機密，一共只有 15 份副本。其中 2 份送去加州的
智庫蘭德公司，也就是阿羅 1940 年代末期暑假所待之處。這
份文件引起一位員工高度的疑慮，他叫做**丹尼爾・艾斯伯格**
（Daniel Ellsberg，圖 10.1）。

　　1931 年生於芝加哥的艾斯伯格是個非常聰明的男孩。父
母皆為猶太裔，不過都成為虔誠的基督教科學派（Christian
Science）門徒。工程師父親因大蕭條失業了一段時間，不過
終究在密西根州一家知名的工程公司找到工作。在家族友人
記憶裡，艾斯伯格一家十分冷漠，凡事以基督教科學派為重。

　　　　　　　　　　　　　　　　　　　　　　　　經濟學的決策思想

他們每天早晨祈禱，每週上一次查經班，週三晚上固定聚會，每週日上教堂。這個男孩學業表現十分優異，但母親希望他成為鋼琴演奏家，並多加鞭策，逼他平日每天練琴 6 到 7 個鐘頭、週六 12 小時。當一位著名的鋼琴老師拒收他為學生，母親幾乎抓狂。來自母親的壓力大到艾斯伯格日後驚呼：「我已經過完了我的地獄時光。」[8]

但他 15 歲時，所有計畫都因一場可怕的車禍嘎然而止。全家從密西根要到丹佛參加家族聚會的途中，連續駕駛數小時而過度疲勞的父親在開車時昏睡，車子撞上混凝土橋。父子倖存，母親當場死亡，妹妹重傷，幾小時後不治。丹尼爾昏迷了 36 個小時。他醒來後沒什麼情緒反應。似乎母親的過世帶走了他所有的壓力。據說他甦醒後其中一件最先想到的事情，就是再也不必練琴。也難怪他日後需要求助心理分析師，進行心理治療。此舉之後也帶來意想不到的結果。

艾斯伯格輕鬆進入心目中的理想學府哈佛大學，獲得百事可樂獎學金攻讀經濟學。以極為優異的成績畢業後，他拿到伍德羅·威爾遜（Woodrow Wilson）獎學金到劍橋大學一年。1954 年，他加入海軍陸戰隊，擔任過排長、連長；蘇伊士運河危機時，在第六艦隊待了六個月，三年後以中尉階級退役。之後回哈佛擔任初級研究員，從事獨立研究三

圖 10.1：丹尼爾・艾斯伯格

來源：維基共享資源；克里斯多福・麥可（Christopher Michel）攝

經濟學的決策思想

年。1962 年，艾斯伯格以論文《風險、模糊與決策》（*Risk, Ambiguity, and Decision*）拿到哈佛博士學位。

寫博士論文時，艾斯伯格身兼蘭德公司的策略分析師。這個選擇絕非偶然，因為這間智庫——站在決策理論這一新興領域的最前線——提供了極富啟發性的智識環境；迄今超過 30 位諾貝爾獎得主待過這裡。即便如此，艾斯伯格仍出類拔萃。他是擁有哈佛博士學位的海軍陸戰隊軍官，多篇論文在一流學術刊物發表，完全就是理想人才。參與過比最高機密更高層級的研究工作後，艾斯伯格熟悉了高層決策的背後流程，例如是否發動核戰。這不是令人愉快的發現。他驚訝地理解到，「核戰爆發的原因並非來自一方可能突襲，而是來自一場危機裡對峙的態勢越演越烈」。對高層決策流程的理解變成「一個負擔……從此改寫我的人生與工作」。[9]

身為蘭德公司的員工，艾斯伯格有段時間替美國空軍工作，成為太平洋司令部最高指揮官的顧問。接著，他也出任國防部、國務院、白宮的顧問，專精核子武器指揮調度、核戰計畫與危機決策。1962 年 10 月古巴飛彈危機爆發時，他被召進白宮，之後的一週投入兩個工作小組，與另一小組共同向國家安全會議執行委員會（Executive Committee of the National Security Council）匯報。接著，他受到指派，協助升

高越南戰事的秘密計畫，儘管他個人認為這些計畫的判斷有誤，也很危險。

1965 年年中，他自願前往越南，調至國務院工作。在西貢的美國大使館待了兩年，負責評估前線綏靖政策的執行。憑著海軍陸戰隊的訓練，他陪同部隊作戰，好近距離觀察這場無望的戰爭。期間，他染上了肝炎，可能是某次在田裡出任務時導致【編按：他為了盡快康復而回美國】。

回到蘭德公司，他參與了最高機密、由麥納瑪拉主導的研究〈1945 － 68 年美國對越南的決策〉，亦即後來眾所周知的五角大廈文件。他從中了解到政府持續的欺瞞與不智的決策，一切暗中進行、大眾一無所知，而且涉及四位總統：杜魯門、艾森豪、甘迺迪、詹森。更糟的是，他「從白宮的內線得知，第五位總統尼克森也在進行同樣的事，暗中提高軍事威嚇的強度」。最後，他斷定：「唯有知情的國會與大眾才能避免戰事無限延長、持續惡化。」許多拒絕入伍的人寧願冒著入獄的風險，也不肯違背良心打一場不義的戰爭。艾斯伯格見過許多這樣的人後，自問：「既然我有了入獄的心理準備，我能做什麼才有助於縮短這場戰爭？」

1969 年秋，艾斯伯格做了一個重大決定：他將七千頁的麥納瑪拉報告完整影印，交給參議院外交委員會（Senate

Foreign Relations Committee）主席威廉・傅爾布萊特（William Fulbright）參議員。參議員恐遭報復，遲遲沒有行動。1971年 2 月，憤怒的艾斯伯格決定自行洩漏：先交給《紐約時報》，繼而給《華盛頓郵報》，然後再提供給 17 家報社。他確信自己將在獄中度過餘生。

尼克森政府提出訴訟，要求媒體停止披露五角大廈文件，此案很快就到達最高法院。援引憲法第一修正案，法官以 6 比 3 裁定報社有權發表。政府惱怒之餘，試圖破壞這位洩密者的信譽或想辦法堵住他的嘴。政府特工——自稱「水管工人」，因爲「防漏」是他們的任務——闖入艾斯伯格心理分析師的辦公室，想偷走他的病歷。據推測，他們不是打算勒索他，就是企圖抹黑他，讓公眾不相信後續被揭露的內幕。但他們什麼都沒找到，因為醫師用假名存檔。政府甚至打算讓這名洩密者喪失行動能力或失去性命。

艾斯伯格被以 12 項聯邦重罪罪名起訴，起訴書求處高達 115 年的徒刑。這位勇敢聰明的年輕人，學界、官場都前途無量，卻願意賭上自己的職涯、自由甚至性命，揭發政府對人民的欺瞞。面對竊取、持有機密文件的指控，他準備好放棄一切，但卻絲毫不曾動搖。他在一份公開聲明中表示：「我認為，身為美國公民，身為負責任的公民，我再也不能配合

隱瞞這些資訊不讓民眾知道。這麼做顯然對我不利，但我已有心理準備，要對這個決定的一切後果負責。」[10]

　　他很幸運。審判期間，法官透露政府代表意圖賄賂（法官），表示要給他聯邦調查局（FBI）局長的位置。更扯的是，起訴方聲稱非法竊聽艾斯伯格的紀錄全部遺失，法官實在忍無可忍。他宣布政府敗訴，撤銷所有指控且「不得再行起訴」，代表當事人未來無權就同一訴因再起訴艾斯伯格。

・艾斯伯格悖論：主觀機率的不足・

　　在他因為五角大廈文件家喻戶曉的好幾年前，艾斯伯格在另一個完全不同的領域成名。還在哈佛當研究員時，他發表了一篇論文，展現了一般人對待機率的方式有什麼問題。這篇名為〈風險、模糊與薩維奇公理〉（Risk, Ambiguity, and the Savage Axioms）的論文刊登在《經濟學季刊》（*Quarterly Journal of Economics*），被視為決策理論的一個里程碑。

　　循著阿萊的腳步，艾斯伯格設計了一個實驗。基本上類似這樣：假設你有一個甕，裡面有 90 顆球。30 顆紅色，另外 60 顆非藍即綠，你不知道有幾個綠色球幾個藍色球；有可能

　　　　　　　　　　　　　　　　　經濟學的決策思想

60 顆全藍、1 綠 59 藍，或倒過來，或其他任何組合。假如猜對自己抽到的球是什麼顏色，就可贏得獎品。但在抽之前，你得先回答一個問題：你想押紅球還是綠球？[11]

當然，沒有標準答案，有的人會選綠色，有的人選紅色。接著，答「紅球」的人會被問第二個問題：你會比較想押這顆球是「紅色或藍色」，還是「綠色或藍色」？一樣，沒有正確答案，但多數人選「綠或藍」。

選後者的這群人──不管是絕大多數或只是不少人──展現出一個悖論：「假如你在〔這群裡面〕，你就違反了薩維奇公理，」艾斯伯格說。[12] 我們來看看理由：

這個甕裡有 30 顆紅球，另外 60 顆非藍即綠，組合未知。

寶莎會想押紅球還是綠球？假如她押紅球，就像有些人勢必如此，她顯然覺得甕裡的綠球不到 30 顆。照她這個想法推論，甕裡的藍球一定超過 30 個。

接下來，寶莎會想押「紅色或藍色」還是「綠色或藍色」呢？假如她跟某些人一樣押「綠色或藍色」，她就屬於非理性。怎麼說？好，她知道紅球有 30 個，而根據她第一次的答覆顯示，她相信藍球超過 30 個。那麼她應該要選「紅或藍」，依照她的想法，這個組合會超過 60 顆球。

請注意，當選項在紅色、綠色之間，她選了紅色。當選

項來到「紅色或藍色」以及「綠色或藍色」時，她選後者。只是讓選項加上「或藍色」幾個字，就翻轉了寶莎的決定，而做出不合自身信念之舉！

這真是令人驚訝。拉姆齊建立了主觀機率論的基礎，但艾斯伯格卻點出，就算依照自己對機率的判斷，大家的行為仍然不理性。

造成這種情形的原因是，寶莎違反了「獨立於無關選項」這條公理。不管認為綠球有幾顆，理性的人判斷紅色跟綠色的方式，應該會和判斷「紅色或藍色」跟「綠色或藍色」的方式一樣。「或藍色」這幾個字是無關選項，不應該影響她的選擇，就像在阿萊的實驗中，兩種選項都加上「89% 的機會贏得 100 萬元」也不應該影響抉擇。完全是舊事重演。

陳述完實驗，艾斯伯格接著提及同行提出的相關理論，以及他們參加實驗的結果與反應，有些人沒過關。這些同行之中，許多人比他資深。「就連在這些情境下，有的人還是沒有違反公理，或聲稱自己不會違反……有的人開開心心地違反了，甚至興高采烈……有些人感到很遺憾，但捫心自問後仍發現無法遵守公理，進而決定……以自己的偏好為主，任憑公理去自我滿足。還有些人……憑直覺違反了公理卻感到內疚，於是埋首進行更多分析……一群世故老練也很講理

的人，決定堅持自己的選擇。」艾斯伯格指出，堅持自身選擇的人包括很支持那些公理的人；他們發現自己其實想違反公理時，感到十分驚訝（甚至沮喪）。

● ○

拉姆齊與薩維奇認為機率不能視為客觀；艾斯伯格則證明，連主觀機率也說不通。這樣做的人是非理性嗎？那要看**怎麼定義理性**了。不管如何，這些人的行為都不符合期望效用理論。艾斯伯格認為，他們的選擇是出於「模糊趨避」（ambiguity aversion）：比起完全不清楚事件發生機率的狀況，大家似乎比較喜歡在知道事件發生機率的情況之下承擔風險。選擇「綠色或藍色」時，他們知道共有 60 顆球；假如選「紅色或藍色」，球數從 30 顆到 90 顆都有可能。[13] 不管你怎麼稱呼，艾斯伯格的「模糊趨避」也好，或阿萊的「偏好近乎確定的安全性」也罷，依據賽局理論的公理，人的行為就是非理性。阿萊悖論顯示主觀效用的缺陷，艾斯伯格悖論則展現主觀機率的不足。兩方的毛病都出在違反了獨立於無關選項這條公理。

第十一章

夠好即可

・決策理論的跨領域研究者・

傳統經濟學理論假設有種「經濟人」，既「經濟」又「理
性」。這種人了解身處的環境裡重要、相關的面向……
也具備井然有序、穩定牢固的偏好體系來面對多種可能
的選擇，並擁有足夠的計算能力，可以算出哪個選項能
讓他達到自身偏好量尺中的最高點。[1]

　　這段文字就這麼展開了一篇名為〈理性選擇之行為模
型〉（A Behavioral Model of Rational Choice）的論文，發表
於 1955 年的《經濟學季刊》，作者名叫**賀伯・賽門**（Herbert
Simon），一位卡內基美隆大學（Carnegie Mellon University）
的教授，專長是……呃，究竟是什麼呢？他有各種頭銜：經

濟學家、電腦科學家、心理學家、社會學家、政治學家。他的興趣涵蓋公共行政學、管理科學、經濟學，也包括人工智慧、資訊處理及科學哲學——這些領域有個共通點：都與**決策理論**有關。

賽門（圖 11.1）1916 年生於美國威斯康辛州的密爾瓦基市（Milwaukee），高中時先是想專攻科學，儘管還沒選定要唸哪個領域。數學、物理、化學、生物都不合他的胃口。他真正感興趣的是人類行為，但他認為這方面的研究還欠缺科學的精確。「我認為，社會科學需要那種使『硬』科學（hard science）【編按：物理、化學、生物學等自然科學】如此成功的嚴謹與數學基礎。我想成為一位數理社會科學家，」他 1978 年贏得諾貝爾經濟學獎時，在小傳中這麼寫道。[2] 就讀芝加哥大學期間，他本想攻讀經濟學，但發現那樣就得必修會計時，便轉念政治學。

圖 11.1：賀伯・賽門授課中

卡內基美隆大學提供

經濟學的決策思想

最終他投身公共行政研究。大學時，一份探討組織如何做決策的學期論文，讓他有機會擔任市政管理領域的研究助理，之後當上加州大學柏克萊分校某研究小組的主任。在柏克萊任職期間，賽門完成他在芝加哥大學的行政決策論文，並以郵件方式參加博士學位考試。

1942 年的工作機會稀少，但他在芝加哥的伊利諾理工學院（Illinois Institute of Technology）獲得政治學的教職。這相當幸運，因為當時考爾斯經濟學研究委員會就設在芝加哥大學。[3] 這個委員會依循其核心思想「理論與測量」，致力將經濟學理論連結至數理與統計。賽門參加了委員會的專題研討會，當時委員會的教職員裡至少就有 6 位諾貝爾獎得主，因此他得以接觸到第一流的經濟學概論，尤其是數理經濟。

1949 年，賽門來到位於匹茲堡的卡內基理工學院（Carnegie Institute of Technology），亦即後來的卡內基美隆大學。半個世紀以來，他是舉足輕重的角色——以科學家、老師、學校理事的身份，讓卡內基美隆大學在多個領域大放異彩。他參與了幾個院所、研究單位的創辦，包括工業管理研究所（Graduate School of Industrial Administration）、電腦科學院、機器人學研究所（Robotics Institute），以及心理系的認知科學小組。他是當今幾個最重要的科學領域的學者與

創始人，這樣的成就為他贏得許多學科的榮譽，包括電腦科學界的圖靈獎（Turing Award）、美國心理學會（American Psychological Association）的心理學終身傑出貢獻獎（Award for Outstanding Lifetime Contributions to Psychology）、美國政治學會（American Political Science Association）的詹姆斯・麥迪遜獎（James Madison Award）、作業研究學的馮・紐曼理論獎（von Neumann Theory Prize）、美國公共行政學會（American Society of Public Administration）的德懷特・瓦爾多獎（Dwight Waldo Award）、國家科學獎章，當然還有諾貝爾經濟學獎。賽門於 2001 年逝世。

● ○

　　賽門最為人熟知、為他贏得諾貝爾獎的概念是「**有限理性**」（bounded rationality）與「**滿意即可**」（satisficing）【編按：satisfice 是由 satisfy（滿意）和 suffice（足夠）組成】。為了解企業與個人如何決策，他檢視了以「經濟人」為中心的各種理論，發現這些理論有個嚴重的問題：「近期的經濟學發展，尤其是針對企業理論方面的發展，令人嚴重懷疑，經濟人這樣概略的模型是否能為理論提供合適的基礎──無論這個理論是

　　　　　　　　　　　　　　　　　　　　　經濟學的決策思想

關乎企業『實際』怎麼行事，或企業『應該』怎麼理性行事，」他在 1955 年的這篇論文裡陳述。尋找一個新典範的他繼續說：「這篇論文的任務是要汰換經濟人的全面理性，以一種理性行為取而代之。這種理性行為符合決策者的計算能力與資訊獲取的狀態。這樣的能力與狀態是人類在內的決策者，在自身所處的環境、條件下，實際具備的。」[4]

這個典範轉移確實天翻地覆。畢竟，一切決策模型，上自阿里斯蒂帕斯與伊比鳩魯，都假定決策者想**極大化**某樣東西，無論那是幸福感、財富或是效用。白努利以降則認為，人在**最大化財富效用**時是**理性**的、會做理性選擇。再來，從馮·紐曼與摩根斯坦起，則假設決策者會**遵循某些公理**行事。長時間以來，賽局理論無可撼動，數學是唯一選項。此刻，某樣新事物將確立主導地位。

・理性誰說的算？・

根據韋伯字典（Merriam-Webster dictionary）的解釋，經濟學幾世紀以來（不說幾千年）都是「描述、分析商品與勞務的製造、配銷與消費」的學科，且僅藉由敘事、類比、軼

事來研究。十九世紀末有了邊際主義的概念後，數學首度進入經濟學的領域——如此驚人的突破，使瓦拉斯自認為憑他對經濟學研究的貢獻，理當獲頒諾貝爾獎（見第四章）。

很遺憾，當時還不是時候。要到二十世紀中葉，時機才成熟，瑞典國家銀行於 1968 年設立了諾貝爾經濟學獎。彼時，**數學**是科學研究的必備條件；經濟學獎剛設立的十年左右，似乎只有數學家才能獲頒。畢竟，數學模型是唯一認可的科學探究途徑，而且經濟學家也想跟物理學家、化學家及生物學家一較高下。若他們無法透過實驗競爭，至少也得用上嚴謹的數學。[5] 如果這些模型是建立在某些假設之上——市場和競爭是完美的、產品是同質的、資訊是完整的、交易成本為零、參與者眾多且都十分理性——那也通通沒問題，只要這些假設有明確建立就好，就算完全不切實際。

但這樣的情況不會持續下去。沒多久，考驗隱隱而至。質疑者如阿萊與艾斯伯格挑戰「獨立於無關選項」這條公理，證明了一般人一天到晚都違背這條公理。他們抽掉了現代決策理論不可或缺的一塊基石，情勢開始翻轉。傳統數理模型能指出「經濟人」——超級理性、精於計算、無所不知——**應該**如何行動，好最大化利潤或者財富，但卻無法描述**真正的人類實際**怎麼做出決策。

白努利以財富的邊際效用遞減來解釋聖彼得堡悖論。傅利曼與薩維奇以波浪形效用曲線解開保險－賭博悖論，馬可維茲再補上一道波浪。但仍存在太多的悖論、不一致、有違常理、謬誤，以及看起來相牴觸的現象。某作者列出數十種一般人做出看似非理性決定的情況：

　　[他們的] 價值系統（諸如偏好、品味標準等）不一致；誤解統計獨立；把隨機數據當成有模式、有規律，反之亦然；看不出大數法則效應；無法辨識統計優勢；根據新資訊更新機率時會出差錯；低估既有樣本數量的重要性；連最簡單的 2×2 列聯表也不明白其中的相關變異；錯誤推斷因果關係；漠視相關資訊；採用無關訊息（如沉沒成本謬誤）；只因證據較為搶眼，便誇大其重要性；誇大不可靠預測因子的重要性；誇大已發生的隨機事件的事前機率（ex ante probability）；對證據的判斷過於自信；誇大支持最初看法的證據；問題陳述的方式若有所改變，給出的答案也會受影響而不太一樣；進行多餘、含糊不清的試驗以證實某個假設，卻不採取可駁倒該假設的決定性試驗；進行像三段論這類的演繹推理時，經常犯錯；實驗時，如果認為某個可能性屬於「現狀」，

即給予較高的重視；預期未來欠缺一致性；無法考慮不同時期的關聯性來調整重複選項；還有更多。[6]

　　身為主要推手的數學與經濟學家是時候讓位給新人了。雖說情勢尚未足以進行大規模實驗——傅利曼、薩維奇、馬可維茲、阿萊、艾斯伯格等人的貢獻，皆來自深入思考與朋友圈進行的小型調查，不過確實是時候**離開純理論推測**，不再以人類的**數學模型**，而是以**人類本身**作為看待事物的尺度。

　　畢竟，理性是一種**定義**問題。那麼，悖論與非理性呢——聖彼得堡悖論、阿萊悖論、艾斯伯格悖論、保險－賭博悖論？這些之所以成為悖論，純粹是因為有人推導出某些公理，並且專斷地說誰不遵循就是非理性。賽門是第一位反對這種研究方法的人。也許**問題出在公理？**

　　經濟學家定義人是理性的，只要他們在利潤、效用或成本方面尋求最佳結果。數學家認為人是理性的，只要他們服膺某些公理。相較之下，心理學家先放人類一馬：除非明顯精神錯亂，人的一切行為**若非絕對理性，至少也算「正常」。**

　　面對這種二分法，經濟學家提出兩種新觀念：**規範經濟學**（normative economics）多少帶點施恩味道，旨在指點「經濟人」**應該**如何行事，才能最大或最小化某個目標；同時，

　　　　　　　　　　　　　　　經濟學的決策思想

實證經濟學（positive economics）較為謹慎，旨在描述具備種種缺陷、弱點的普通人**實際**上如何行事。賽門選擇後者的研究取徑，想了解並描述真正人類實際上如何決策。

・我們都不是「經濟人」・

眾所周知的理性「經濟人」（economic man）——比較裝模作樣的術語是 homo economicus（見第七章，注釋 2）——擁有一套明確的偏好系統、廣博的知識、最恰到好處的資訊，和無可限量的計算能力。就像最終獲得諾貝爾經濟學獎的雷恩哈德·塞爾頓（Reinhard Selten）所言：「完全理性的人是神話英雄，能解開一切數學問題，不管多難都能立刻算出答案。」[7] 不過很可惜，一般人的偏好往往模稜兩可（即效用函數可能是多值函數）、掌握的資訊不完全、計算能力有限。賽門很快便明白：一般期待「經濟人」做得到的，真實人類其實做不到。這就是為什麼一般人會陷入看起來像悖論的情境中。

以買權（call option）價格為例。幾世紀來，商人就各式商品交易選擇權（option），買賣雙方一直仰賴直覺來決定選

擇權價格。直到 1973 年，費雪、修斯、莫頓證明出選擇權的正確價格，也就是理性交易者應該支付的價格，由下列方程式得出：[8]

$$C(S, t) = N(d_1)S - N(d_2)Ke^{-r(T-t)}$$

其中

$$d_1 = \frac{Ln\left(\dfrac{S}{K}\right) + \left(r - \dfrac{\sigma^2}{2}\right)(T-1)}{\sigma\sqrt{T-t}}$$

$$d_2 = d_1 - \sigma\sqrt{T-t}$$

我完全沒打算解釋那些符號與變數，只想提一下 σ 代表標的股價的波動性，那只能採用十分複雜的工具，根據歷史資料推估出來。經濟學家真的以為，理性的交易者會靠這麼困難的方程式得出選擇權價格？沒錯，以選擇權價格為例或許太極端，但就連很單純的決定，像出門是否帶傘，都需要蒐集、儲存資料，評估機率，計算成本、利益，處理以上所有結果，最後——往往在電光石火的瞬間——做出決定？

要假定無論誰都會經歷這樣的過程，那實在太荒唐了。於是賽門斷定「實際人類的儘量理性，最多只是賽局理論這類模型裡，那種全面理性**極度粗略、簡化的近似值**」。[9] 因此很遺憾，人類決策行為就是不符合這樣的數理模型，這些由馮·紐曼與摩根斯坦這類人發展出來、被著迷於數學之美的經濟學家認可的模型。就賽門看來，這些模型可作為操作說明——如何極大化價值、財富或效用，但要描述人如何做決定，就不能採用。

和阿萊與艾斯伯格不同，賽門的批評並非出於對任何公理的駁斥；他反對所謂理性的數學模型，是因為**這些模型對決策者造成的負擔**，以及**人類能力的侷限**。並非所謂人的不理性讓他揚棄數學模型，而是他了解，蒐集資訊與進行複雜計算根本超出人類的能力範圍。賽門表示，人類決策者並非不理性，而是**認知上的限制**使他們變得有限理性。**在一定範圍內，人是理性的。**

那賽門提出了什麼？他說，要更實際地描述一般人如何決策，就必須拋棄經濟人那種理想版本，轉而檢視人的**心智**本身。要達此目的，必須從**心理學**尋找答案，而非數學。[10] 所以，「經濟人」的理性將被一種新的理性行為取代，而「這種理性行為符合決策者的計算能力與資訊獲取的狀態。這樣

的能力與狀態是人類在內的決策者，在自身所處的環境、條件下，實際具備的」，賽門在他 1955 年那篇開創性的論文裡寫道。[11]

·我們實際怎麼做決策？·

賽門表示，因為選擇太多，難以一一分析，加上沒時間消化每樣東西，使得一般人**不去**尋找最佳選項。要找出虛無飄渺的最佳選項時，一般人反而**會走捷徑**：善用自身的能力與時間，挑出**可接受**的方案，不再煩惱。他們先決定出某個可滿足需求的夠好標準，再選出能滿足或超越這個標準的第一選項。因此，他們不力求最佳，而是尋找能滿足願望、解決問題的方案——他們**滿意即可**（satisfice）。

不僅如此。決策者不僅會省去尋覓最佳選項的麻煩，在找出令他滿意、可能只是次優的選項時，還常用上「**捷思法**」（heuristics）——「**經驗法則**」的花俏講法。例如，計算兩個小百分比相乘的成長幅度時，直接相加也許就夠了。進一步解釋就是：首先成長 10%，繼而成長 40%，總共約成長 50%，儘管正確的成長比率應該是 1.1×1.4=1.54（即 54%）。

對多數人而言，相加比相乘容易，算出的結果有小小的誤差，但付出的**苦思成本比較少**。對有限理性的人而言，這類捷徑通常能提供令人滿意的解方，省去代價高、費時且自己可能也辦不到的計算麻煩。

所以，批評完期望效用理論及賽局理論後，賽門提出有限理性論。以**滿意即可**與**捷思法**為依據的模型，應該要**取代**原本以**最佳化**為依據的分析。

有一點值得強調：**有限理性絕對不等於非理性**。考慮所有成本時，運用捷思法是很理性的，因為經驗法則讓你能挑出滿意的選項，不必耗費有時根本徒勞的心力。因此，若把蒐集資料、消化資訊、苦思再三的成本都納入整個決策成本中來看，運用捷思法獲得滿意即可的選項十分**划算**，其實很合乎傳統定義的理性。這純粹是在**尋覓最佳方案跟合理思索的成本**之間，**權衡**的結果。

● ○

大家從學習、經驗、與周遭互動，以及回饋中發展出捷思法，捷思法常以**常識**或**據理推測**（educated guess）【編按：根據經驗、專業知識、既有證據等的推論】的面目示人。不過很遺憾，經

驗法則雖能降低心力負荷，卻不可避免地**產生錯誤和扭曲**。我們將在第十二章看到這類大多數人都會犯的錯誤，通常叫「**偏差**」（bias），而且通常是**系統性**地犯下這類錯誤──就很像用加總代替兩個正數的乘積，這麼做是一種**永遠**會低估結果的經驗法則。

一般人會採用哪些捷思法呢？只要檢視一下大家做決定時，那些**看似非理性**的過程便一清二楚。舉幾個為例：一般人會用上手邊現有資訊，不管資訊是否重要、相關；把低機率降低至 0，高機率抬高到 100%；相信符合自己偏見的證據；比起無聊乏味的證據，更誇大搶眼證據的重要性；漠視新資訊；賦予記憶猶新的隨機事件高發生機率；過度相信自己的判斷；在隨機數據中辨識出看似存在的模式；還有，唉，無法忽略無關事項。

第十二章

沉沒成本、
賭徒謬誤等差錯

・終結期望效用理論的人・

　　就像我們在第十一章討論的，一般人習慣使用經驗法
則評估形勢、做決定。這種稱為「捷思法」的東西如同捷
徑，在不確定情況下得做決定時，特別需要。這是賀伯・賽
門於 1950 年代中期率先提出的主張，當時他以**有限理性**與
滿意即可的概念取代**期望效用的極大化**。同時，阿萊以降的
其他人也早已經開始質疑期望效用理論（或者應該說，期望
效用**假設**）。然而，要到二十年後，由以色列心理學家**阿莫
斯・特維斯基**（Amos Tversky）與**丹尼爾・康納曼**（Daniel
Kahneman）合寫的一篇論文，影響才最為深遠。1974 年，
這篇論文發表於美國首屈一指的權威學術期刊《科學》
（*Science*），不僅大大衝擊了經濟學界，也震撼了整個科學界。

這篇論文不僅挑戰了理性經濟人的傳統思維，更**終結**了期望效用理論。

「大家靠著有限幾個捷思原則，把評估機率、預測價值等複雜的工作簡化，以較單純的判斷方式運作，」他們寫道，接著表示，但很遺憾，捷思法帶來的方便與省時省力**有其代價：結果並不準確**。「大致而言，這些捷思法十分有用，但有時會造成嚴重的**系統性**錯誤。」[1] 不過有一線希望。前句引文裡的「系統性」是關鍵。這兩位作者發現，錯誤及偏差並**不是隨機**發生，反而多半朝著同個方向走，有辦法嚴謹地追蹤研究。

特維斯基與康納曼是他們那個時代的科學界明星。近年來有一本暢銷書整理了他們的生平、情誼、合作關係，以及最終的失和不睦，這本書在在證明了他們研究的非凡意義。[2]

康納曼（圖 12.1）1934 年生於巴勒斯坦，童年在巴黎度過，當時父親在化妝品公司萊雅（L'Oréal）擔任化學師。猶太人被圈進惡名昭彰的德朗西（Drancy）拘留營、將被轉送到各集中營時，父親也在其中。幸運的是，他的老闆——儘管之後證實是納粹支持者——認為他的角色對公司而言無可替代，設法讓他脫身。一家人隨即逃離巴黎，前往法國南部。他們四處停留，害怕隨時會被納粹、維琪政府、搜索猶太人

的私家賞金獵人發現。終於，他們在利摩日（Limoges）外緣村莊的雞舍找到容身處，父親在此死於糖尿病，康納曼與其他家人撐過戰事，在以色列建國的前幾月遷返巴勒斯坦。

高中畢業後，康納曼進入耶路撒冷希伯來大學（Hebrew University of Jerusalem）讀心理系，畢業後於以色列空軍服義務役。身為心理學家，軍方要求他設計測驗，評估哪些人適合接受軍官課程。退伍後，他到加州大學柏克萊分校讀博士，1961 年拿到學位。

特維斯基（圖 12.2）小康納曼三歲，1937 年生於海法（Haifa），屬於巴勒斯坦託管地。父親為獸醫，母親是積極參與政治的社會工作者，屬於以色列建國世代的一員。母親之後代表以色列工黨出任以色列議會（The Knesset）的議員。

特維斯基入伍時，志願加入大家聞之色變的傘兵，且以勇氣著稱。某次訓練，一名士兵扯下爆炸裝置的引信後嚇得無法動彈，沒能跑開尋找掩護；特維斯基奮不顧身衝上前把他拉開。這樁英勇事蹟為他贏得一面英勇勳章，更別說體內伴他終身的砲彈碎片。他以上尉軍階完成義務役，之後進入希伯來大學攻讀心理學和數學。1964 年，特維斯基從美國密西根大學獲得心理學博士。此外，他一直保持以色列國防軍預備軍官的身份，因此數年後，他必須暫離研究及教學，加

經濟學的決策思想

圖 12.1：丹尼爾・康納曼

來源：維基共享資源，© Renzo Fedri

圖 12.2：阿莫斯・特維斯基

© Ed Souza / Stanford News Service

　　　　　　　　　　　　　　　　　　　　　　　　經濟學的決策思想

入 1967 年的六日戰爭（Six-Day War），以及 1974 年的贖罪日戰爭（Yom Kippur War）。

　　兩位心理學教授在希伯來大學相識，當時康納曼邀請這位年輕同事去他的研究生專題討論課上演講。兩人對演說內容有不同看法，卻也開啟了合作之路。他們的個性天差地遠——特維斯基外向急躁、聰明自信，康納曼沉默寡言、充滿自我懷疑，兩人竟然能夠合作，而且合作成果豐碩、關係（大多）和諧融洽，實在令人驚艷。這段夥伴關係差不多已成了傳奇。多年來，兩人似乎形影不離，幾個小時待在室內探究人心如何運作，日復一日。他們進行開創性的研究，而且好像樂此不疲。辦公室外只聽得到兩人笑聲不斷。

　　然而，多年的合作之後，兩人的關係有了變化。特維斯基拿到史丹佛大學的聘書，康納曼也收到英屬哥倫比亞大學的聘書，這所學校也很有名，但聲望沒那麼高。整體來說，聒噪的特維斯基他的光芒掩過他嚴謹內斂的朋友。特維斯基獲頒麥克阿瑟獎（MacArthur Fellow）、獲選美國文理科學院（American Academy of Arts and Sciences）及國家科學院院士——大多數的榮譽都由他贏得，這有段時間也成了彼此摩擦的來源。1996 年，年僅 59 歲的特維斯基死於癌症，在那之前兩人言歸於好。六年後的 2002 年，任教於普林斯頓大學的

康納曼「因為將心理學研究的洞見與經濟學結合，尤其是人如何在不確定的狀況下進行判斷與決策這方面」，獲頒諾貝爾經濟學獎，獲獎的原因就是他與特維斯基的研究成果。[3]針對這項殊榮，康納曼展現出不凡的器度。他的獲獎感言第一句便是：「諾貝爾委員會表揚的研究，是已故的阿莫斯・特維斯基（1937 － 1996）與我在長期、極為緊密的合作下，一起創造出來的成果。」[4]

●　○

以諾貝爾獎而言，康納曼與特維斯基所提的理論，可能是其中一個──老實說，恐怕是唯一一個──外行人能懂、最簡單的理論。也許除了賽門，其他化學、物理學、經濟學的獲獎成就，幾乎通篇都是數學方程式。相較之下，康納曼與特維斯基的研究並未超出機率論及統計學的範圍。

他們 1974 年那篇創新的論文〈在不確定性下的判斷：捷思法和偏誤〉（Judgment Under Uncertainty: Heuristics and Biases）裡，兩人提出並分析三種我們都會用來做決定，且往往毫無自覺的捷思法。分別是：**代表性捷思法**、**可得性捷思法**，以及**定錨捷思法**。

經濟學的決策思想

·代表性捷思法·

要了解代表性捷思法（representativeness heuristic），與這種捷思法如何誤導人，最著名的例子就是「**銀行出納員琳達**」。這個例子來自一場實驗，實驗會提供受試者某些資訊，然後要求受試者進行評估：

琳達 31 歲，單身、坦率、非常聰明。大學主修哲學。學生時期極為關心和社會正義、歧視相關的議題，也曾參加反核運動。以下哪個比較有可能？

1. 琳達是銀行出納員。
2. 琳達是銀行出納員並積極參與女權運動。

特維斯基提議進行這項實驗時，康納曼深感懷疑。很明顯，正確答案是「琳達是銀行出納員」。這無關看法，而是數學事實。畢竟，「銀行出納員」是包含女權主義者在內，範圍較廣的類別。因此，不管琳達是銀行出納員的機率有多少，她既是銀行出納員也是女權主義者的機率必然更小。

儘管不太認同這項實驗，康納曼仍硬著頭皮進行調查。讓他非常吃驚的是，大多數受試者回答 2。就他們來看，琳達

比較有可能是個銀行出納員**以及**女權主義者，而非僅僅是個銀行出納員。

康納曼與特維斯基得出結論：大家根據得到的資訊，在心中繪出一個琳達的樣貌。一般銀行出納員完全不像琳達，就算只因為大多銀行出納員是男性（至少在進行此實驗時，情況是如此）。但說到身為女權主義者的女性行員，琳達是絕佳的**代表**。

這兩位心理學家擊中了一個深刻的真理。一般人傾向以某個描述呈現出來的**典型／代表性**，而不是以邏輯來思考判斷。假如說，對某人的描述非常能代表美國的四星將領（如：體魄強健、不苟言笑、技藝精湛、紀律嚴謹等等），一般人可能就會以為此人是個將軍，而不是高中體育老師，儘管這樣的可能性很低，因為全美任何時候這類現役的星級將領只有二十幾名。

康納曼在諾貝爾得獎演說中又給了另一個例子。一般人評估一組物件時，掌握到這組物件的基本樣貌包括這組物件的**平均值**或**代表值**（typical value），不會是整體**總和**那種較為複雜的統計。[5] 於是，代表性捷思法便以平均取代一組東西的總和。某實驗裡，受試者會看到一組 8 個盤子，並得評估整組的價值。[6] 接著他們再看到另一組，裡面不僅有同樣

的 8 個盤子，還有另外 4 個，其中 2 個有裂縫。[7] 令人驚訝的是，多數人評斷有破盤子的這組價值低於前一組。

一樣，就數學而言，這錯得離譜。即使第二組包含 2 個因為有裂縫而沒價值的盤子，仍有 10 個完好無缺，所以一定比前一組的 8 個要值錢。但實際情況則是大家不自覺地平均整體價值。假設他們認為 8 個的那組值 8 美元（即每個盤子 1 美元），那麼第二組的 10 個好盤子應該值 10 美元，那 2 個裂掉的不值錢，應直接略過。但第二組 12 個盤子每一個平均價值只有 83 分錢（10 美元除以 12）。因此，拿平均值當作這組價值的代表，而不用相對來說較複雜的總和，就會錯判第二組的價值低於前組。

又來了，琳達跟破盤子這兩個例子都是**違反**那一條令人頭痛的公理：「**獨立於無關選項**」。如果問題改為「琳達是女性；她比較可能是個銀行出納員，還是個銀行出納員兼女權主義者？」多數人便會選前者。一旦加上平淡無奇、無關的資訊——坦率、聰明、反核等等——就可能讓他們改變主意。破盤子的情況也是如此。受試者不是直接忽略破盤子，而是認為有這些破盤子在，整組價值就變低了。[8]

· 可得性捷思法 ·

接著，我們來看可得性捷思法（availability heuristic）。顧名思義：採用**手邊既有的資訊，不管是否相關**。好吧，也不盡然——但一般人評估情勢時，卻時常只考慮手邊有什麼。要判**斷頻率多寡**和**機率高低**，往往會根據心頭浮現的有關案例，不管是因為這些事例**比較生動、廣為宣傳**或**時間最接近**。這或許是人類長久以來逐漸演化出來的因應機制，不過康納曼與特維斯基想的時間跨度比較短。「畢生的經驗告訴我們，」他們推測，「大致來說，比起發生頻率較低的類別，我們更容易也更快想起大類別的案例；比起不大可能發生的事件，很可能發生的比較容易想像；不同事件經常同時發生時，彼此之間的關聯性就會被加強。」因此，可得性捷思法提供一種程序，「讓我們的心智能**輕鬆地**進行相關**檢索、建構／想像、連結**的工作，來估計某個種類的數量、某事件發生的可能性，或不同事件一起發生的頻率」。[9]

可惜，這種捷徑讓人出錯。這就好比在有光源之處找遺失物，而不是在真正可能遺落、但沒有光源之處找一樣。[10]舉例來說，問起英文字裡 k 開頭的字，比起 k 排在第三個字母的字，哪一種比較多；大家會說前者，因為 knee 或 key 這

經濟學的決策思想

些字比較容易在腦海裡浮現，而 acknowledge 或 like 相對較難想到。但其實 k 排第三個字母的英文字是 k 開頭的三倍多。

　　另一個例子是嚴重許多——實際上涉及欺騙——的誤判，關於某位安德魯・韋克菲德（Andrew Wakefield）的騙局，這位英國庸醫的執照在那之後遭到撤銷。他聲稱，兒童注射疫苗會導致自閉症。而實際情形是，兒童注射疫苗時間約在 2 歲，那也正是自閉症症狀首度浮現的年紀。這是巧合。經過詳盡檢驗後，證實兩者不具相關性。很遺憾，天真的家長**誤把巧合當證據**，深信到不願讓孩子接種疫苗。

　　接著，讓我以常見的飛行恐懼說明可得性捷思法。空難受害者要比道路事故的受害者少得多，但**媒體給空難事故的關注遠遠大於道路事故**——遂產生普遍的飛行恐懼症。我們談到交通事故，有個研究顯示，問一般人：車禍跟肺癌，哪個導致的死亡人數較多？ 57% 的人選擇前者，即便死於肺癌的人數有三倍之多。但車禍的報導較多（雖然比不上飛航意外），因肺癌過世的新聞相對稀少。套用這兩位心理學家的話，「（捷思法）能讓大家的心智**輕易**描繪出不同災難的景象，而這份**不費力**毋須反映這些災難**真正發生**的可能性。」[11]

·定錨捷思法·

　　康納曼與特維斯基在這篇論文裡探討的第三種經驗法則是定錨捷思法（anchoring heuristic）。你是否留意過，許多高檔餐廳的酒單會列出一些根本沒人想點的天價單品嗎？連侍酒師也不會點──那些品項擺在上面別有緣故。當顧客瞧見最上面的 1865 年拉菲堡紅酒一瓶要價 5000 美元，再看到底下那支樂弗雷酒莊 2008 年佛拉提耶一級園白酒只要 250 美元，簡直像不要錢。這就是定錨捷思法。面對艱深的問題，決策者會抓住一個數字，不管有多不相干，這個數字就此成為新常態。

　　康納曼與特維斯基讓定錨捷思法有了穩固的基礎。在另一場實驗裡，他們詢問受試者，非洲國家在聯合國佔多少比例？提問之前，主持人會先轉幸運輪盤，數字會落在 10 或 65。你瞧：看到 10 那一組的平均答案，認為非洲國家佔聯合國會員國的 25%；看到 65 的一組，答 45%。（目前的正確答案是 28%，194 個會員國中佔 54 席。）受試者很明顯將初步估計值定錨在幸運輪盤轉到的數字，然後再上下調整。

　　另一個測試中，幾組高中生必須在 5 秒內分別估計兩組數字的乘積：1 × 2 × 3 × 4 × 5 × 6 × 7 × 8 和 8 × 7

　　　　　　　　　　　　　　　　　　　　　　　　經濟學的決策思想

×6×5×4×3×2×1。答案天差地遠：回答數字往上升的組別，他們估計值的中位數為 512；數字往下降的那組為 2250。（正確答案——當然，多虧交換律，兩組答案都一樣——是 40320。）這些學生顯然定錨在前幾個數字相乘的結果，再稍作調整。排序上升的那組前幾個數字相乘，比下降那組的結果低很多，所以第一組的估計少很多。

・系統性偏差・

一般人得判斷某事物屬於**某類型的可能性**時，經常會用上**代表性**捷思法；得評估某一類事件**發生的頻率**或某種發展的**合理性**時，會用上**可得性**捷思法；要**預估數字**，則用上**定錨**捷思法。不幸的是，這些經驗法則導致系統性、可預期的錯誤，稱作偏差，這可能使人誤入歧途。

一個極為常見的偏差即所謂的「**沉沒成本謬誤**」（sunk cost fallacy）。已投入時間、金錢、力氣在一件事的人，可能就是不願放棄這件事，即便已經沒有賺頭，或出現更有利的選擇。基於已支出的成本，他傾向固守原來的選項。但這不是正確的決定，因為之前任何的付出都是沉沒成本；即使立

刻叫停，也拿不回來。所以，沉沒成本絕對不應該影響判斷。只能往前看，別回頭。

未能察覺「均值回歸」（regression to the mean）常導致另一種錯誤。康納曼描述跟以色列戰鬥機飛行員訓練學校指揮官某次碰面的情形。指揮官抱怨，每當一名飛行員因表現格外優異受到表揚，下回卻總是表現很差，或是兩者顛倒。康納曼便向他說明一個普遍的事實──每當某事特好、特大、特重或特快，下次幾乎就是更糟、更小、更輕或更慢。這就是均值的定義，**離群值後往往出現的便沒那麼極端**。

某現象中，只要有個變數取決於運氣，這個現象又有清楚的平均值時，就可觀察到均值回歸的存在。例如，智商特別低的父親，生出的兒子往往智商比他們高。要明白這個道理，可以畫一條鐘形曲線，中間是智商 100。再來就爸爸智商的 85 處畫一條直線。顯然在這條直線右邊的鐘形曲線區域，遠比左邊的來得大，意味著孩子的智商極可能大於爸爸。他們的智商向平均值 100 回歸。[12]

有個需要解決的問題是：應該觀察什麼變數？十八世紀初，白努利試圖解決聖彼得堡悖論時，他用財富來表達一個人的效用。從零財富開始，效用曲線不斷上升，儘管增加幅度逐步趨緩。這也是本書到本章為止的主題。康納曼與特維

斯基反對以財富作為相關變數。畢竟，到底是哪個人比較快樂呢？昨天擁有 4 百萬元然後失去 1 百萬元的他，還是昨天有 1 百萬元然後得到 10 萬元的她？康納曼與特維斯基主張，**不是由絕對財富決定一個人的金錢效用，而是由獲利及損失決定**。應該以**當下的財富**為參考點，並以這一點產生的變化為依據，來分析和金錢問題相關的決策。[13]

另一個造成偏差的著名原因是**包裝／框架**（framing）【編按：也稱作框架效應（framing effect）】。描述問題的方式可能產生不一致的答案。請看以下這個康納曼與特維斯基 1981 年在《科學》期刊上發表的實驗：

想像一下，美國正全力防止一場不尋常的亞洲疾病爆發，這場疫情預估將導致 600 人死亡。專家提出 2 種應對方案。假設對這兩個方案的確切科學評估如下：

若採用 A 方案，可拯救 200 條性命。
若採用 B 方案，$^1/_3$ 機率能拯救 600 條性命，$^2/_3$ 機率拯救不了任何性命。

詢問受試者喜歡哪個方案，四分之三的受試者選擇 A。然後是另一組人，問的問題相同，但方案呈現的方式不同：

若採用方案 C，會失去 400 條性命。

若採用方案 D，$^1/_3$ 機率無人喪命，$^2/_3$ 機率 600 人喪命。

這回有四分之三的人選擇 D 方案。很明顯，方案 A 跟 C 完全一樣，B 跟 D 也是。但「可拯救 200 人」使人振奮，而「400 人會死」聽起來非常令人反感。

類似的許多實驗使康納曼與特維斯基得出兩項結論。第一，明智審慎地**包裝問題**，可使回答者給出提問者希望的答案。例如：為了將信用卡消費的部分成本轉嫁給消費者，信用卡公司要求那些想誘使顧客付現的零售商，要把不同支付方式產生的商品價差包裝成現金折扣，而非信用卡手續費。手續費看起來像支出，折扣則像機會成本。

第二，一旦把**選項包裝成收穫**，就像前述實驗的第一組例子所顯示，那麼大多數人**會選擇確定的結果**（即他們想**避險**）。如果**把選項包裝成損失**，如第二組例子，那麼多數人**會選擇不確定的結果**（即他們想冒險）。這種情形還會更明顯，如果這樣問：「確定得到 1 萬元，或 50% 的機會得到 2 萬元，你想要哪一個？」跟「確定損失 1 萬元，或 50% 的機會損失 2 萬元，你想要哪一個？」在第一例，大多數人會躲避風險，選擇確定的獲利；第二例中，多數願意冒險，而選

　　　　　　　　　　　　　　經濟學的決策思想

擇 50% 的機會損失更多。簡言之，相較於為了保住收益，一般人會為了避免損失更願意冒險。

再來，「**賭徒謬誤**」（gambler's fallacy）是對轉輪盤或拋硬幣等隨機事件「**接下來會怎樣**」的誤解。拋硬幣可追溯至聖彼得堡悖論。許多賭徒誤以為，當硬幣落下，正面朝上假設連續 5 次，下次就會是反面，總記錄才正常。其實那根本不對。每次拋擲都是**完全獨立**的事件，硬幣不會「記得」過去的記錄。於是，下次拋硬幣反面朝上的機率會是，且永遠都是 50%。那均值回歸怎麼說？這回硬幣不是該出現反面，來平衡那一連串的隨機拋擲嗎？不，這個論點跟下次拋硬幣或轉輪盤完全無關。沒錯，多次拋硬幣的平均是 50% 正面跟50% 反面，但前提是多次拋擲。均值回歸只在多次重複下成立，賭徒謬誤則是針對下一次單一事件的錯誤陳述。[14]

拋硬幣的例子可用來描述另一種偏差。問起哪一種連續的隨機拋擲比較可能發生：「反反反反反反」還是「反正正反正反」，多數人選後者，因為看起來比較隨機。實際上，基礎的機率論說兩種情形一樣可能。但許多人以為，小樣本也能反映出長期整體的特質。在他們眼中，「反正正反正反」的拋擲結果似乎就是比較能代表隨機序列。

·嶄新的決策模型：展望理論·

　　包括這些在內的諸多偏差，使康納曼與特維斯基於 1979
年提出一個和過去完全不同的決策模型。真的要很大的膽
量，才敢主張傳統決策理論——從白努利的財富效用，到馮
・紐曼與摩根斯坦的公理——應該被取代。而且，更讓許多
傳統主義者不安的是，這兩位甚至還不是經濟學家，儘管他
們都很精通機率、統計、數學模型。因此，兩名以色列的心
理學家竟然質疑幾世紀以來的主流智慧，想扮演經濟學的領
頭羊，當時想必被視為放肆妄為。然而，他們在《計量經濟
學》這個權威的經濟學期刊發表的這篇〈**展望理論：風險下
的決策分析**〉（Prospect Theory: An Analysis of Decision under
Risk），產生龐大的影響力，成為新理論——不再談一般人在
不確定狀況下**應該**如何做決定，而是**實際**如何做決定。根據
谷歌學術，這篇論文至今被引用了將近五萬次。

　　論文的摘要便展現了整篇的基調，兩位作者表明，
「期望效用理論長期以來被視為風險決策的描述性模型
（descriptive model），本文對此提出批判」。講完了這句驚
人的聲明後，兩人並未罷手。在緒論裡，他們繼續寫道：「效
用理論雖常被闡釋、應用，卻並非一妥當的描述性模型。我

們要提出風險決策的替代解釋。」他們稱此替代模型為「展望理論」。「展望」（prospect）一詞指的是不確定的情況，諸如投資提案、彩券或保險合約。[15]

根據展望理論，在風險下進行的決策會經歷兩個階段。第一個叫「**編輯階段**」（editing process），決策者把手邊問題轉譯為**心智較能處理**的東西。這時捷思法就派上用場，伴隨各種花招與偏差。再來是「**評估階段**」（evaluation process），決策者評估各個選項，挑出最合意者。此時，他們會採用**價值曲線**與一個大致根據機率的**加權函數**。

・編輯階段的各項工作・

編輯階段包含幾個處理作業:(1)編碼、(2)合併、(3)分離、(4)取消、(5)簡化、(6)擇優。這些多少是在下意識中進行。

（1）**編碼**（coding）：與白努利世界觀分道揚鑣的第一個不同就在編碼作業。白努利這位瑞士數學家與其後的追隨者，都是以**最終財富**來制定模型。但回想一下誰比較快樂：昨日有 4 百萬元然後失去 1 百萬的先生，還是昨日有 1 百萬元然後得到 10 萬的小姐？要回答這個問題，康納曼與特維斯

基進行的大量實驗顯示：最終財富並不相關。決策人心中，相對於**某個參考點的得失變化**，才是適當變數。

（2）**合併**（combination）：決策人把結果相同的事件，各自的機率合併在一起，藉此簡化好幾個不確定的情況。舉例來說，30% 的機會贏得 100 元與 20% 的機會贏得 100 元，會合併為「50% 的機會贏得 100 元」。

（3）**分離**（segregation）：將某個不確定情況中無風險的部分從有風險的部分分離出來。例如：50 － 50 的機會贏得 180 元或 300 元的賭局，將被分離成「確定得到 180 元，與 50 － 50 的機會多得到 120 或 0 元」。同樣，50 － 50 的機會失去 60 元或 280 元，將變成「確定失去 60 元，與 50 － 50 的機會不再失去更多或多失去 220 元」。

（4）**取消**（cancellation）：若兩件不確定的情況有共同的元素，例如

(a) 20% 增加 230，30% 增加 260，與 50% 損失 70
(b) 20% 增加 230，30% 增加 360，與 50% 損失 135

決策人會把共同因子「20% 增加 230」分離出來並捨棄，保留如下選項：

經濟學的決策思想

（a'）30% 增加 260，與 50% 損失 70

（b'）30% 增加 360，與 50% 損失 135

（5）**簡化**（simplification）：意指將機率與結果化為整數。例如，49% 的機會贏得 101 元，常被化約為 50% 的機會得到 100 元。極低或極高的機率，則分別化為 0 或 100%。換言之，這類事件或者被捨棄，或者被視為確定事件。

最後，（6）**擇優**（detection of dominance）：排除落後的選項（即相較其他選項，結果較小、機率較低的選項）。

・評估階段：價值函數與決策權數・

帶著編輯階段具備的一切不足、偏差與缺失，決策人完成編輯階段後便進入評估階段。[16] 從數學上來看，這個階段看起來非常像期望效用模型……但其實完全兩回事。

根據最一開始發展出來的經濟學，要從多個選項中做出決定，就是要把**財富的期望值最大化**。將每個選項裡最終財富實際的貨幣價值，依選項發生的機率加權後，再選擇財富期望值最高的選項即可。這仍是將財富最大化的正確方法。

但身為一般人，做法就是不同。洞悉人性的白努利就以「**財富實際（的）貨幣價值的效用**」取代「**財富實際的貨幣價值**」。根據白努利模型，要選擇「效用期望值（期望效用）」最高的選項，而且描繪效用的曲線當然會不斷上升，儘管速率減緩。這是之後兩個世紀以來被廣泛接受的模型，直到傅利曼、薩維奇及馬可維茲添了些波浪到這個效用曲線。

接著是康納曼與特維斯基，他們在幾個方面調整了效用。拋開傳統的效用函數，他們定義出具備三個基本條件的「**價值函數**」（value function）。第一，人做決定時，考慮的是**財富上的變化**。於是，價值函數是由財富的得失定義，而非最終財富。為了佐證這個論點，兩位作者不僅列出了與來自世界各地的學生進行的實驗，還引用韋伯與費希納（見第三章）有關重量、聲量、溫度、亮度的實驗，證明了一般而言，人對刺激的感應強度要視參考點而定。[17] 因此，康納曼與特維斯基的價值函數反應的是偏離**當下財富**的**主觀價值**。

第二，就像前幾章討論邊際效用遞減時所見，比起「多1100和多1200的差異」，大家對「多100和多200的價值差異」感受比較明顯。同理，對決策者來說，「失去100與失去200之差」，也顯得比「失去1100跟失去1200之差」來得嚴重。整體的結論就是：**價值曲線**——和前身的效用曲線一樣——

經濟學的決策思想

就獲利來說呈凹狀（即風險趨避），就損失而言呈凸狀（風險愛好）。

第三，至於看待財富上的變化這方面，有個重要的特性就是「**損失的影響比獲利大**。同樣一筆金額，失去帶來的痛苦似乎遠勝於獲得帶來的喜樂」。[18] 一般來說，大家偏好確定到手的收益，勝過有可能的收益；有可能的損失又優於確定的損失。舉例來說，康納曼與特維斯基斷言，多數人會拒絕參加輸贏都 50 美元的賭注。這個特性意味著，損失的價值函數曲線多半比獲利的價值函數曲線來得陡（圖 12.3）。

● ○

目前為止，一切都很一般。康納曼與特維斯基真正與前輩分道揚鑣之處，是在於**看待機率的方式**。我們知道，因為一般人用來評估機率的經驗法則充滿變數，導致他們評估出來的機率也不免出錯、有偏差。但這兩位心理學家還發現一件事：從他們的實驗看來，一般人會把評估出來的機率轉換為兩人所稱的**決策權數**（decision weights），「決策權數衡量事件對不確定情況嚮往程度（desirability of prospects）的影響，而非僅是他們眼中這些事件的可能性」。[19]

圖 12.3：康納曼與特維斯基的價值函數

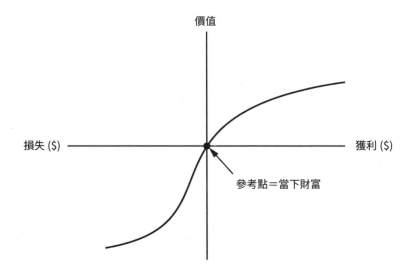

經濟學的決策思想

這個轉化有幾個前提。雖然決策權數的作用與機率在期望效用模型的作用類似，康納曼與特維斯基仍指出兩者之間幾個重要的差異。根據他們的實驗，兩人察覺到一般人對待決策權數具有以下特性：（1）次確定性的、（2）次可加性的、（3）次比例性的。（稍後我會說明這些概念。）此外，（4）除了非常低的機率，小機率會被過度加權。最後，（5）發生機會極高或極低的事件完全進不到評估階段，在編輯階段就被處理掉了。

（1）**次確定性**（subcertainty）是指一般人給互補事件的決策權數，加起來不等於 100%。以阿萊悖論為例，機率分別是 89% 和 11%。以 p 代表機率，相對的決策權數表示為 $\pi(p)$。機率 89% 與 11% 相加等於 1.0，但阿萊悖論中的決策權數 $\pi(89\%)$ 加 $\pi(11\%)$ 卻不然。康納曼與特維斯基的次確定性，為阿萊悖論提供了一種解釋。[20]

（2）**次可加性**（subadditivity）的發現是在類似這樣的實驗中：詢問受試者，比較喜歡 0.1% 的機會得到 6000 美元，還是 0.2% 的機會得到 3000 美元。大多數人喜歡前者，儘管報酬的期望值其實完全相同。這代表一般人眼中，0.2% 的價值不如兩次的 0.1%，無論實際狀況如何（即決策權數具備次可加性）。[21]

（3）**次比例性**（subproportionality）就比較複雜。[22] 這裡只需要說，次比例性對決策權數 $\pi(p)$ 的圖形產生相當大的限制：其**對數**必須是**機率對數之凸函數**。

（4）**小機率常被過度加權**。[23] 例如，多數人寧可以 0.1% 的機會得到 5000 美元，而不要確定入袋的 5.24 美元 。[24] 因此，數值小的 p，$\pi(p)>p$。

（5）**靠近兩端**，也就是**機率接近 0 與 100% 時，決策權數無法確實反映**。這類極端機率的事件在一開始的編輯階段已經**處理掉**了：例如，機率為 0.01% 的事件會被當作「不可能發生」而忽略，等於把事件的決策權數設為 0。同理，機率為 99.99% 的事件會被視為「確定事件」，等於把事件的決策權數設為 100%。

根據這些發現，描繪決策權數的曲線必定貌似圖 12.4。

● ○

我們在這一章討論了判斷和決策的當代理論。古典經濟學認為，數學模型裡的假想決策者「經濟人」十分理性，總是最大化期望效用，不帶感情，而且搜集、處理資訊時從不

圖 12.4：康納曼與特維斯基的決策權數

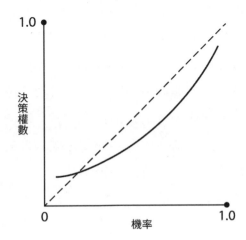

失誤。然而，現今環境、真實生活中的決策者「智人」（*homo sapiens*），可一點也不像那樣。賽門（見第十一章）是其中一位最早發現古典假設與真實世界不一致的人。他認為，一般人的能力有限、技能不完美，使得那樣的數學模型雖然對規範經濟學很有幫助，卻根本無法描述一般人的實際行為。「有限理性」與「滿意即可」成為時髦新詞。

不過，除了有限理性，一般人仍有諸多侷限。不可否認，我們受限於**認知偏差**。這是康納曼與特維斯基切入之處。「判斷」牽涉到評估重要性和評估機率。這兩位心理學家發現，人類用「捷思法」（經驗法則）取得、檢索、猜測資訊。展望理論談的是，一般人如何運用以這種方式取得的資訊來做決定。根據實驗結果，康納曼與特維斯基分析出，一般人進行風險決策時，所用的價值函數與決策權數具備了幾種特殊的性質。[25]

過往的思維認定，模型很完美，即便人偶爾犯錯，這些錯誤通常在市場上會被稀釋掉。康納曼與特維斯基證明事實上並非如此：人是系統性地犯錯……朝同一個方向。於是，這些錯誤不會消失。**市場會系統性地「出錯」**。

這一次是真正的典範轉移。

第十三章

出錯、不理性，
或就是蠢？

·研究取徑的演變·

　　十八世紀初，白努利研究聖彼得堡悖論時，採用數學來研究，雖然他對人心也頗有洞見。到了十八世紀末，亞當·史密斯在1776年出版的《國富論》（*The Wealth of Nations*）中，則對數學抱持相當保留的態度。「我對政治算術學（political arithmetick）【編按:十七世紀末運用人口等統計數據研究社會經濟現象的學科】沒什麼信心，」他這麼強調，並採用大量的例子、敘述、軼事及文學典故支持自己的理論。[1] 事實上，他在《道德情操論》（*The Theory of Moral Sentiments*）中還從心理面向解釋個人行為，甚至還關心公平、正義。

　　功利主義學派的邊沁則將效用的心理基礎論述得很詳盡。十九世紀末直到1970年代左右，就像尤吉·貝拉（Yogi

Berra）【譯注：美國職棒名人堂球員，效力洋基 19 年，說過許多看似矛盾的幽默雋語】所說，一切宛如昨日重現（déjà vu all over again）：數學，這科學之后，再度引領風騷。邊際學派率先拾起，當代經濟理論家跟著仿效。他們之所以如此，不僅因為數學模型優雅嚴謹，更因為他們想跟自然科學家競爭；對自然科學來說，數學絕不可少。「引領風騷」恐怕還不足以形容，實際上整個經濟學被數學緊緊勒住——緊到那些充滿行不通的公理、極度程式化的模型，幾乎與現實生活完全脫節。

賽門喚起了全面省思，是他踏出了第一步，描述真實世界的實際狀況，而不是描述理論家心目中的完美世界應該有的模樣。十六世紀時，不會因為宗教認定地球是宇宙的中心，真實的宇宙模型便如此運行，反而認為太陽才是中心，因為各方觀察這麼証明。同樣的道理，賽門把「智人」擺在中心，圍繞著智人發展理論；而不是先定出公理，然後要求「經濟人」必須遵循。思及人類能力的侷限，賽門想出滿意即可的概念作為人類決策的描述性理論，我們在第十一章已仔細討論過了。

之後，康納曼與特維斯基接棒，兩人就偏差與捷思法做過無數實驗後，提出展望理論描述風險決策，從而加冕心理學成為——如果不是經濟學理論的新皇后，肯定也是公主。

這不表示他們的模型沒有數學，而是這些模型絕非僅仰賴嚴格死硬的各項公理。

二十世紀末到二十一世紀，重新回歸經濟學，但略有變化。**理查‧塞勒**（Richard Thaler，圖 13.1），一位深受康納曼與特維斯基影響的金融經濟學家，提出後來被稱作**行為經濟學**的概念。這塊相對新穎的經濟學領域不從嚴謹公理建構的數學模型出發；反而在探究人類的決策過程時，考慮到偏差和缺乏意志等人性弱點。塞勒搭起了橫跨心理學與經濟學之間鴻溝的橋樑。

‧塞勒其人其事‧

不是所有人都料到塞勒會成為教授，並且舉世聞名。其實，塞勒在高中時代的成績平平，每科都只拿 B。他於 1945 年出生在紐澤西州北部，家裡三個男生他排行老大。父親是精算師，母親全職顧家前是老師。儘管覺得學校無趣也表現不佳，塞勒仍申請到凱斯西儲大學（Case Western Reserve University）。他起初不知道該念心理學或經濟學，最終考量到未來生計而選了後者。然而當謀生之日到來，他卻決定攻

讀碩士以逃避進入商業界。他第一份學術職務是在羅徹斯特大學（University of Rochester）任助理教授。

塞勒教了一年大學部的成本效益分析課程，然後在羅徹斯特管理研究學院擔任全職教授，不是終身職。為了打發時間，他開始搜集「**大家做的蠢事**」——也就是他的經濟學同事會稱作「**異常**」或「**非理性**」舉動的決定和行為模式。例如說，詢問受試者，某種疫苗可預防一種致死率 0.1% 的疾病，他們願意花多少錢接種？再問另一組受試者，若要參加致死率 0.1% 的研究試驗，他們會要求拿多少錢？他發現，第一組願花 1 萬元防疫，第二組則要求 100 萬元參加實驗。為什麼一般人承擔風險的要價，是他們為了躲避同樣風險而願意支付的 100 倍？

或這個狀況：S 夫婦收到免費的演唱會門票。很遺憾，當晚傾盆大雨，於是兩人決定不去了，畢竟票不用錢。如果票不是免費的，他們的決定會不一樣嗎？對許多人來說，答案是肯定的；如果自己出錢，就會無懼風雨，即便屆時門票支出已是「**沉沒成本**」。（見第十二章：過往的支出與當前決定無關。）

或這個狀況：好幾年前，R 先生買了一箱好酒，一瓶大約 5 美元。如今酒商提議以一瓶 100 美元向他買回。R 先生

拒絕了，儘管他買一瓶酒從不花超過 35 元。根據塞勒發現的**稟賦效應**（endowment effect），一般人認為，已經擁有的物品，會比尚未擁有、得現在購買的物品，來得更有價值。

或是這個：H 先生自己除草。鄰居的兒子願意效勞，代價 8 美元。但 H 先生卻不會想幫鄰居除草，儘管面積一樣，出 20 美元他都不要。回絕了男孩提議，他顯然忽視了自己勞力的「**機會成本**」（即：這些時間他能做其他更有賺頭的事）。

或這個：T 女士到一家賭場賭博，贏了 200 美元。她繼續玩，又全部輸回去。儘管損失了 200 美元，但她可能沒那麼難過，因為基於塞勒稱作「**心理會計**」（mental accounting）的心態，她覺得那 200 美元本來就屬於賭場。

古典經濟學家看來，以上這些人——還有其他更多人——都錯得離譜、很不理性，或者單純就是蠢。根據他們美麗的數學模型，這類舉止不該發生；即便發生，也只是因為有些蠢人不知道自己該怎麼做。經濟學家堅持說，這種荒唐的行徑只不過是偶然的雜音，會被整體稀釋而消失。但這個看法是錯的。太多證據顯示，多數人都是這樣行事，不能再繼續漠視這種現象了。所以，到底怎麼回事？

同樣的東西，一般人更看重屬於自己的。大家始終掛念著該忽視的沉沒成本，卻將機會成本拋在腦後，沒當作支出

圖 13.1：理查・塞勒

© Nobel Media AB Alexander Mahmoud

費用。塞勒指出，以上種種異常現象都有個共同點：同樣的商品和勞務，他們買進、賣出的價格有明顯的差異。

　　一邊思索這些反常行徑——沉沒成本謬誤、機會成本、稟賦效應、心理會計，卻不知道拿這些反常情況怎麼辦的塞勒，偶然發現了康納曼與特維斯基的研究成果，著實令他大開眼界。這兩位心理學家似乎握有他所有問題的解答。

　　而就那麼巧，1977 年，這兩位以色列學者在史丹佛大學的行為科學高等研究中心（Center for Advanced Study in the Behavioral Sciences）擔任研究員。塞勒設法取得那一年美國國家經濟研究局在史丹佛大學分院的職位，並很快與康納曼成為朋友。他那年與康納曼討論、從他身上學習到的成果，集結成 1980 年發表在《經濟行為與組織期刊》（*Journal of Economic Behavior and Organization*）的〈走向消費者選擇的實證理論〉（Toward a Positive Theory of Consumer Choice），後來被視為行為經濟學這塊新興領域的創始文本。

　　不幸的是，當時他的同事對這篇論文沒什麼感覺，實際上沒人表示半點興趣。幾位導師好意勸他回頭研究「真正的經濟學」，塞勒自然沒有聽勸，而且也和預期的一樣，羅徹斯特大學沒給他終身職。好在他獲得康乃爾大學的教職，之後的 17 年，塞勒在此將他的洞見發展為成熟完整的理論。

1995 年，儘管受到芝加哥大學部分教職員的強烈反對，他仍到這個理性經濟學的重鎮任教。回想一下，芝加哥大學是超理性主義者傅利曼的家鄉。不過，此時塞勒毋須在意同事的嘲弄了：行為經濟學已嶄露頭角。

2015 年，這位在個人決策的經濟學與心理學分析之間搭起橋樑的反傳統者，當選為美國經濟學會主席。兩年後，塞勒「因為對行為經濟學的貢獻」獲頒諾貝爾經濟學獎。針對這份簡短的聲明，隨後發佈的新聞稿有更詳細的陳述。這位桂冠得主「將心理層面的現實假設融入經濟決策的分析中」，完整的聲明說道，並「顯示這些**人類特質如何系統性地影響個人決策與市場結果**」。[2] 藉由展現出人類是可預期地不理性，塞勒得以把經濟學推往**更實際理解人類行為**的方向。由此產生的見解對公共政策頗有影響。

・屬於一般人的模型・

塞勒那篇著名的〈走向消費者選擇的實證理論〉開頭先向傳統模型致意。「消費者的經濟學理論是實證與規範理論的合體。由於是以理性最大化的模型為基礎，這個理論描述

消費者應該如何選擇，不過據說也描述他們實際怎麼選擇。」
而他認為這是個問題，因為「在某些定義明確的狀況中，許
多消費者的行為不符合經濟學理論。在這些情況下，經濟學
理論預期人類行為便會系統性地出錯」。[3] 而康納曼與特維
斯基的展望理論，才是妥當的描述性理論。

　　塞勒接著討論了幾種行為模式，這些行為會被傳統
經濟學家視為異常，他卻形容是「**經濟方面的心理錯覺**」
（economic mental illusion）。以他的話來說，「在這幾類問
題中，消費者格外容易偏離規範模型的預測」，包括：低估
機會成本、忘不了沉沒成本、不理想的搜尋表現、選擇不做
選擇（choosing not to choose），與缺乏自制力。

　　這是與主流思維的大斷裂。「我同意傅利曼與薩維奇的
主張，認為實證理論應該要根據其**預估行為的能力**加以檢視。
依我看，就本文討論的幾類問題而言，經濟學理論沒有通過
這樣的檢視。」接著，塞勒質疑傅利曼與薩維奇的撞球手例
子。回顧一下他們怎麼說的：即便撞球手的腦袋並未思考那
些不可壓縮球體之物理性的數學公式，他們的行為卻像是有
這麼做。我同意，塞勒說，頂尖好手可能如此；傅利曼與薩
維奇的數學模型或許可以正確預測一流撞球好手的行為。問
題是，絕大多數玩撞球的人都不是專家，所以「考慮如何為

　　　　　　　　　　　　　　　　　　　　經濟學的決策思想

兩名非專家建立模型，意義重大。」初學跟中等程度的撞球玩家在盤算與執行上，絕對與高手有天壤之別。他們會用……沒錯，經驗法則和捷思法。而且，沒錯，出於能力有限，他們這麼做是完全理性的。[4]

同理，不精通經濟學理論的外行人，他們的行為表現也跟專家不一樣——而絕大多數消費者便是資訊搜集、機率理論和運算技巧的**外行人**。不過，在他們有限理性的範圍內，這些人其實頗理性。

塞勒最後替這篇論文作結：「我所論證的是，消費者行為的正統經濟學模型，本質上是一種**機器人般的專家模型**。因此，這個模型在預測一般消費者的行為方面表現得很差。這不是因為一般消費者很愚蠢，而是他們沒有花所有時間思索如何做決定。」[5]

必須留意的是，消費者採用心理捷徑、捷思法，且有所偏差的這些慣性，可能會受有心人利用。賭場就惡名昭彰，讓賭客誤以為自己玩吃角子老虎的贏面，比實際贏面來得高；騙子濫用受害者容易相信的特質；否認氣候變遷的人則將單一事件混淆為統計證據。

·行為經濟學的應用·

　　另一方面，也能利用同樣這股傾向，驅使大家採取對自己有益的行為。塞勒與哈佛法律教授凱斯·桑斯坦（Cass Sunstein）合寫了一本書名取得恰到好處的著作，名叫**《推力》**（*Nudge*）。如副標點出的，此書旨在改善與健康、財富與幸福相關的決定（Improving Decisions About Health, Wealth, and Happiness）。換個方式陳述選項或調整預設模式，即可**溫和地**把人推向更好的決定。例如，學校食堂可嘗試把最健康的食物擺在前排，增加孩童挑選這些品項的機會，使他們的飲食更健康。企業想鼓勵員工參加運動會的話，不妨先將員工都算成參加，並讓不想參加的員工主動退出，而不是邀請員工主動加入。

　　塞勒與桑斯坦對這樣的觀點深具信心，並未就此打住。他們主張，政府在內的機構組織皆應借助這套和選擇有關的學問，「好讓一般人做出能改善他們生活的決定」。這樣的話，便能有更多的退休儲金、更好的投資、更少的肥胖問題、更多的慈善捐贈、更乾淨的地球、更理想的教育體系等等。「以為人類總是能理性思考，這真是瘋了，」塞勒在 2015 年喜劇電影《大賣空》（*The Big Short*）中強調；他在此片客串，

　　　　　　　　　　　　　　　　　　　　經濟學的決策思想

與流行歌手塞琳娜‧戈梅茲（Selena Gomez）攜手演出。兩人現身一家賭場，以撲克牌賭局解釋什麼是「**熱手謬誤**」（hot-hand fallacy）【編按：熱手謬誤是指某件事發生了很多次，因此覺得可能會再次發生，但其實之前的表現和未來的發展並不相關。例如，因為某人手氣特好一直賭贏，所以覺得這個人下一局也會賭贏】。[6]

儘管說「溫和地」，卻不是每個人都被他們的說法打動。顯然，他們的立場是「老爸最清楚」；而批判大政府的人，對兩位作者鼓吹政府干涉民眾的自由意志深表反感。塞勒與桑斯坦反擊說，他們只是建議某種「**自由家長制**」（libertarian paternalism）。英國《衛報》（*The Guardian*）則描述《推力》為「超越左右──運用右翼手段，達成進步目標」。[7]

《衛報》參一腳是有原因的。2010 年，英國首相卡麥隆（David Cameron）政府設立了「行為洞察團隊」（Behavioural Insights Team）來研議政策。這個單位又稱「推力小組」（nudge unit），塞勒是小組的正式顧問。美國方面，歐巴馬總統委託桑斯坦將行為經濟學的概念納入政策裡。

身為金融經濟學家，塞勒不是沒想過以自身的研究成果賺錢。他與羅素‧富勒（Russell Fuller）合夥，成立了富勒和塞勒資產管理公司（Fuller & Thaler Asset Management），羅素‧富勒是個投資經理，曾任華盛頓州立大學（Washington

State University）財務金融學系主任。他們這間公司的座右銘是「投資者犯錯。我們找錯。」[8] 他們的企業聲明告訴我們，錯誤有兩種：投資人可能對壞消息過度反應、驚慌失措；或是對好消息反應不及，未能給予足夠的關注。這兩種錯誤都替精通行為經濟學奧妙的投資人，製造了進場良機。

善用行為財務學（behavioral finance）原則，富勒和塞勒公司旗下管理的資金約為 90 億美元。如前所述，公司利用市場對負面新聞的過度反應，以及對好消息的反應不足，從中獲利。他們適時投資受到前景不佳的負面報導影響的股票，以及持續一段低迷表現後呈現復甦徵兆的公司。

身為積極參與公共事務的公民，塞勒盡一己之力的方式，是以行為經濟學回饋社會。除了在英國行為洞察團隊任職，他也在歐巴馬政府，及 2012 年助其成功連任的競選團裡，扮演非正式顧問的角色。

賽門主張人的理性有其限制，並以滿意即可取代效用最大化。至於康納曼與特維斯基，他們「透過探索那些將一般人真正的看法和決定，與理性人模型的最佳信念和決定，區

分開來的系統性偏差」[9]，告訴我們這些限制是什麼。塞勒則跨出至今的最後一步：他將康納曼與特維斯基的實驗成果應用到理性選擇理論的異常現象，成功把決策心理融入行為經濟學的模型中。

接下來會有什麼樣的發展？人工智慧？機器人理性？時間將會告訴我們……

注 釋

·第一章·

1. For more on the Bernoulli family, see Szpiro (2010a), chapter 17. The quote, "Counselors at law are . . .," is from Bernoulli 1709, 56.

2. Rémond de Montmort 1713, 401 (my translation). In what follows, the excerpts of the correspondence between Bernoulli and Montmort, and between Bernoulli and Cramer, are from Pulskamp 2013. Subsequent quotes are from this correspondence unless otherwise indicated in the notes.

3. Note that Bernoulli here signed the letter as "Bernoully."

4. For more on this correspondence, see Devlin 2008.

5. 荷蘭天文學家克里斯蒂安‧惠更斯（Christiaan Huygens）在 1657 年的文章中主張合理價格等於數學的期望值。

6. 克拉瑪使用求出無窮等比級數和的公式。

7. 這位數學大師一度出錯。尼可拉斯寫說截尾級數（truncated series）總和為 2 而非 2.5。

8. 尼可拉斯忽略了這人會損失一半金錢的機率。丹尼爾這點厲害多了，稍後我們就會看到。

9. Bernoulli 1738 ("Specimen Theoriae Novae De Mensura Sortis," *Econometrica* [1954]), 24.

10. Bernoulli 1738, 24.

11. Bernoulli 1738, 25.

12. 要從效用函數轉換回貨幣價值，須使用對數函數的反函數，即指數函數：exp(7.8)= 2440。

13. Bernoulli 1738, 33.

·第二章·

1. 這位交際花的傳說之美從未消逝。在馬克思 1841 年的博士論文中，他認為，試圖調和伊比鳩魯哲學和天主教宗旨是極為荒謬的事，並將這樣的企圖形容為：「這就宛如將修女的披風罩在萊絲充滿魅力的軀體上。」

2. Diogenes Laërtius, *Book II*, Chapter 8

3. Diogenes Laërtius, X:128.

4. Watson 1895, 58.

5. Diogenes Laërtius, X:132

6. Diogenes Laërtius, X:11.

7. Diogenes Laërtius, X:121.

8. 根據法律，要有兩名證人方可定罪，但希德尼之案僅有一人出面指認，某位艾斯克里克的霍華德勳爵（Lord Howard of Escrick）。因此，法官喬治・傑弗瑞（George Jeffreys，以「愛判絞刑的法官」〔hanging judge〕這樣的臭名為人所知）判定，希德尼的手稿——就只是手稿而已，且在他死後才會出版——可作為第二證人。他這麼裁決：書寫即作為（Scribere est agere）。

9. Locke 1690, chapter 7, section 78.

10. Locke, chap. 5, section 46.

11. Locke, chap. 5, section 47.

12. Locke, chap. 5, sections 49, 46, 48, and 50.

13. Locke, chap. 2, section 4.

14. Locke, chap. 9, sections 123 and 124.

15. Bentham 1800, 50.

16. Bentham 1776, preface.

17. 「功利主義在〔邊沁〕出版《道德與立法原理》之前已盛行超過一個世代，想必他因此獲利頗豐。」（Albee 1902，167）

18. Bentham 1816.

19. 根據史丹佛大學哲學百科全書（Stanford Encyclopedia of Philosophy），邊沁於 1763 － 64 年間邊聽威廉・布萊克史東（William Blackstone）演說，邊想出了這個形容。參見 Jeremy Bentham 條目，https://plato.stanford.edu/entries/bentham/。最後瀏覽日：2019 年 7 月 19 日。

20. 據說邊沁有參與反對美國獨立的好友約翰・林德（John Lind）撰寫《答覆美國國會宣言》（*Answer to the Declaration of the American Congress*，1776 年）這本小冊子，這段內容極有可能是其中一項素材。

21. 義務兵役可能有個問題。公民的絕對生命權如何與政府送公民上戰場冒生命危險的權力並存？可就國家整體利益，或採傭傭兵或志願兵等進行討論。

22. 畢竟，這就是人之所以被稱為「個人」（individual）而非「同質人」（homogenial）的道理。

23. Marx 1867, 432.

24. Jefferson 1816. 值得一提的是，杜邦的兒子耶魯德・伊荷尼・杜邦・德・內穆爾（Éleuthère Irénée du Pont de Nemours）創立了工業巨頭杜邦公司 (E. I. Du Pont)。

25. Universal Declaration of Human Rights (1948), Article 25.

26. International Covenant on Economic, Social and Cultural Rights (1966), Article 7.

· 第三章 ·

1. 說到底，這就是商品為什麼稱作 goods【譯注：good 有「好」之意】而非 bads【譯注：bad 有「壞」之意】。

2. Aristotle, *Nicomachean Ethics, Book IV*, chapter 1.

3. 通常將此譯為「商品的類別」（classes of goods），但我認為「滿足的來源」（sources of contentment）更能表達亞里斯多德的本意。

4. 亞里斯多德其實並沒有談到身體健康，但應該可以假設他並不會限制人要有多健康。

5. Aristotle, *Politika, Book VII*, chapter I.

6. Bentham 1834, vol. 3:229.

7. Bentham 1834 3:230.

8. Bentham 1834 3:230.

9. Bentham 1834 1:305; 3:230.

10. Marx 1867, 432.

11. 就如我們在第一章所見，保險是第三與第四公理衍生的結果。

12. 拉普拉斯的研究卻不足以滿足之後幾個世紀的理論家。要到俄國數學家安德烈·柯爾莫哥洛夫替機率論建構堅實的公理基礎，機率論才被認為夠嚴謹。更多資訊請參見 Szpiro (2011) 第十章；欲進一步了解拉普拉斯及其整體的成就，參見 Szpiro (2010) 第七章。

13. Laplace 1814, 27.

14. It turned out that the exact interest rate was irrelevant, so long as it was positive, and so were the survival probabilities, so long as they diminished with advancing age. Interestingly, Laplace used a logarithmic utility but then approximated $log(1+c)$, where 1 designated total wealth and c a small fraction of total wealth, by c. This actually implies a linear utility for wealth. Thus, he effectively denied Bernoulli's main principle and the main tenet of his own chapter (at least locally) that the utility increases at a decreasing rate.

15. Laplace 1812, vol. 2, chap. 10: 488.

16. Rabl 1909, 86.

17. 在韋伯的時代，1 盎司（Unze）相當於 31 公克。

18. Weber 1846, 115.

19. 這使人想起一位日本鑄劍大師的傳說。他的劍如此強韌的秘訣在於劍身置於水中硬化時，水的溫度恰到好處。一回，大師帶來訪的對手參觀工坊，來賓假裝滑倒在地，趁機伸手想試水溫。傳說這麼講：電光石火之間，在那個騙徒的大腦還來不及感知溫度前，大師便用自己鑄的劍砍斷了他的手。

20. 實際上韋伯採用瑞氏（Réaumur）溫度：0 度結凍，80 度沸騰。

21. 洛茨（lot）是重量單位，中世紀以來用於歐洲，相當於 $^1/_{30}$ 磅。

22. Kuntze 1892, 39.

23. 布萊得可夫與哈特爾公司 1719 年成立於萊比錫，至今仍在營運中，是公認全球最古老的音樂出版社。客戶包括貝多芬、李斯特、華格納、蕭邦、布拉姆斯。

24. Fechner 1860, v, ix.

25. 法國神經科學家史坦尼斯勒斯・狄漢（Stanislas Dehaene）及其團隊，針對幾乎不曾接觸現代數學的巴西原住民進行研究，結果顯示，人類固有的數字概念並非線性的，而是對數的。

・第四章・

1. 羅斯科也是著名作家。他不僅撰寫歷史學專書，也著有童書經典《蝴蝶的舞會與蚱蜢的盛宴》（*The Butterfly's Ball and the Grasshopper's Feast*）。這本童書是他為了逗樂子女而作，出版第一年便售出至少四萬本，其後數十年仍深受歡迎。

2. Collison Black 1977a, vol. 3, 33.

3. Collison Black and Konekamp 1972, vol. 1, 191.

4. Collison Black 1973, vol. 2, 410.

5. Jevons 1866, 283.

6. Except where otherwise noted, the following quotes are from Jevons (1871), 1.

7. Jaffé 1935, 190.

8. Walras 1860.

9. Dockès 1996, xxvii.

10. Jaffé 1935, 195.

11. Cournot 1838, viii.

12. Walras 1874b, 80.

13. Walras 1874a, 22.

14. Walras 1874b, 81.

15. Walras 1889, as translated by Jaffé 1954, 117.

16. Jevons 1977b, 40.

17. The quotes here are from Jevons 1977b, 40, 41.

18. Collison Black 1977b, 46.

19 Jaffé 1983, 26.

20. Jevons 1879, preface.

21. See Szpiro 2011.

22. 孟格爾的兒子小卡爾（Karl）【譯注：兒子 Karl 與父親 Carl 名字同音但拼法不同，故本段說明皆稱小卡爾】成為知名的數學家，彌補了這一塊。他甚至出版了一份有關所謂「超級彼得堡悖論」的重要論文。在此悖論中，第 i 次拋擲所得的報酬成長得比 2^i 還快，使得期望效用變得無限大。小卡爾生於 1902 年，由當時 62 歲的孟格爾與長年的伴侶赫敏・安德曼（Hermione Andermann）所生。兩人始終沒有結婚，可能是因為安德曼離過婚或者是猶太裔，而天主教徒如孟格爾（當然，還有魯道夫王儲）須依宗教儀式成婚。孟格爾想方設法，終於讓法蘭茲・約瑟夫皇帝承認可兒子小卡爾的合法身份。

23. Fisher 1892, 120.

24. 要從統計中推論出經濟行為的定律，是屬於經濟學的子學門「計量經濟學」（econometrics）的範圍。

25. Both quotes are from Schmoller 1883, 251.

26. Schmoller 1884.

・第五章・

1. 這裡我不談古諾；如第四章所述，他對瓦拉斯父子啟發甚大。

2. Dupuit 1844, 87.

3. Jevons 1879, xxviii.

4. Gossen 1854, v.

5. 消耗需要時間，任何物品每日的消耗量有限。因此，根據卡爾・海因里希・勞（Karl Heinrich Rau，1792 –1870）──另一位不大為人知的先行者──的主張，饜足（以及邊際效用遞減）可能純粹是時間限制所致。

6. Jevons 1879, xxxv.

7. 傑文斯（1879）寫道，戈森的「效用曲線大致上被當作直線」（xxxvi）。這句話依現今的說話習慣會造成誤解。傑文斯本意是說，邊際效用是直線（即線性減少），而總效用則是凹曲線。

8. Jevons 1879, xxxviii.

9. 歐拉是瑞士人，不是德國人，但此種情緒仍在。此言引自 Walras 1830, 87。

10. 其他遭遺忘的先行者還包括尼古拉斯・弗朗索瓦・卡納德（Nicolas-François Canard，1750–1833）、克勞斯・克倫克（Claus Kröncke，1771–1843）、弗朗切斯科・富柯（Francesco Fuoco，1774–1841）、格拉夫・格奧爾格・馮・布克（Graf Georg von Buquoy，1781–1851）、約翰・海因里希・馮・圖嫩（Johann Heinrich von Thünen，1783–1850）和漢斯・馮・曼高（Hans von Mangoldt，1824–1868）。

·第六章·

1. Forrester 2004, 12.

2. 確實，1929 年，在拉姆齊父親擔任院長的麥德林學院，一位研究員遭到開除，因為在他床邊找到保險套。

3. All quotes in this paragraph are from Galavotti (2006), 15.

4. Ramsey 1926, 157.

5. Keynes 1930, 153.

6. Ramsey 1926, 166.

7. Ramsey 1926, 166.

8. Ramsey 1926, 169.

9. Ramsey 1926, 176.

10. 這段話來自 Ramsey (1926), 175。然而洋基隊球員尤吉·貝拉（Yogi Berra）所言多麼簡單扼要：「當你遇到岔路（fork，有叉子之意），就走那條（撿起來）。」（When you come to a fork in the road, take it.）

11. 想了解若衡量系統不一致，會出現什麼問題，可參考 Szpiro (2010b)。

12. 這裡我使用「發生」（occurrence）一字不太準確。精確地說，拉姆齊思索命題是否為真，諸如相信上帝的存在，或「黎曼猜想」（Riemann Conjecture）是否為真。

13. Expressed more formally (where ~ denotes "not"), the laws are as follows:

    (1) Degree of belief in p + degree of belief in ~p= 1.

    (2) Degree of belief in p given q + degree of belief in ~p given q = 1.

    (3) Degree of belief in (p and q) = degree of belief in p × degree of belief in q given that p occurred.

    (4) Degree of belief in (p and q), plus degree of belief in (p and ~q) = degree of belief in p.

14. 注意：這個情況和蚱蜢隊或蝴蝶隊贏的機率不相干——賭博毋須「公平」。重點在於賭徒違背了第四法則，使他蒙受損失，不管他的贏面有多少。

15. Ramsey 1926, 182.

16. In formal terms, the following are Kolmogorov's definitions and axioms of probability theory:

    Let Ω be a nonempty set (which we will call "the universal set"). A field (or algebra) on Ω is a set F of subsets of Ω that has Ω as a member, and which is closed under complementation (with respect to Ω) and union. Let P be a function from F to the real numbers, obeying the following:

    Nonnegativity: $P(A) \geq 0$, for all $A \in F$.

    Normalization: $P(\Omega) = 1$.

    Finite additivity: $P(A \cup B) = P(A) + P(B)$ for all $A, B \in F$, such that $A \cap B = \varnothing$.

    P is called a *probability function*, and (Ω, F, P) a *probability space*.

・第七章・

1. For more on this fascinating person's life, see Szpiro 2010b.

2. 此言引自 von Neumann 1928, 295。很遺憾，*homo economicus* 這個混合拉丁語和希臘文的大雜燴已成學術用語。正確地說，應該要用純粹的拉丁語 *homo parcus*（有別於心思簡單的智人 *homo sapiens*），或純粹希臘文 *anthropos oikonomikos*。

3. Morgenstern 1976, 805.

4. 1920 與 1930 年代，洛克斐勒基金會宣布，景氣循環是基金會主要的研究領域之一。

5. Morgenstern 1976, 808. Subsequent quotes, unless otherwise indicated in the notes, are to this edition.

6. Morgenstern, *Diaries*, March 4, 1923 (Duke University). Subsequent citations from the diary entries are to this source.

7. von Neumann and Morgenstern 1944, 16.

8. 那段話直覺上似乎有問題，但把華氏溫度轉為攝氏就很明顯了。在此例，20°F 相當於 -7°C，但 40°F 大約是 4°C。不用說，後者並非前者的兩倍。

9. 我接著呈現馮・紐曼與摩根斯坦公理的簡化版，希望有比較容易理解。

10. See Szpiro 2010b.

11. 回想一下本章稍早提及的剪刀、石頭、布。這個遊戲的無盡乏味，來自這三者也形成一個循環。

12. This is an anecdote that is ascribed to the philosopher Sidney Morgenbesser from Columbia University (Szpiro 2010b).

13. 可以說，2000 年的美國總統大選，小布希（George W. Bush）就因此而打敗高爾（Al Gore）。儘管多數選民可能更喜歡高爾，但毫無勝算的雷夫・奈德（Ralph Nader）以第三方候選人跳出，影響了結果。

14. For an exploration of that topic, see Szpiro 2010b.

15. Morgenstern 1976, 809.

16. These quotes are from von Neumann and Morgenstern 1944, 617, 618, 627.

17. In terms of von Neumann and Morgenstern's theory, this means that if $f(x)$ and $g(x)$ are two utility functions for the same person, then $g(x) = a + bf(x)$ for any a and any positive b. Also, if $f(x)$ is a person's utility function, then any *other* function $h(x)$ that can be expressed as $h(x) = c + df(x)$ may also serve as his or her utility function.

18, 其實每個人都可從無限多的效用函數中任選一個，因為係數與常數可任選。

19. Planck 1948, 22.

20. Lissner 1946, 1.

21. Hurwicz 1945, 924; Marschak 1946, 98; Simon 1945, 559; Stone 1948, 200; Copeland 1945, 498.

・第八章・

1. 伯雷格沙茲是現在烏克蘭的柏勒戈夫（Berehovo）。作者的母親也來自伯雷格沙茲，與某些傅利曼的親戚為鄰。

2. 他在博士論文中闡明，醫學專科的壟斷勢力使醫師的收入壓倒性地超過牙醫。

3. 實際上，這個獎項的正式名稱為「紀念阿佛烈・諾貝爾的瑞典中央銀行經濟學獎」（The Sveriges Riksbank Prize in Economic Sciences in Memory of Alfred Nobel）。

4. Sampson and Spencer 1999, 128.

5. 畢竟，我們在第二章看到：多優於少。

6. Both quotes are from Friedman and Savage 1948, 286. Subsequent citations are from this edition unless otherwise noted.

7. Markowitz 1952a, 153. Subsequent citations are from this edition unless otherwise noted.

8. 這比我將在第十二、十三章討論的行為經濟學理論早了幾十年。

9. 如今，幾乎沒有科學期刊會接受一篇論文，裡面的分析是來自「（我中等收入的朋友）對這些問題的典型答覆……」這樣奇特的數據基礎。要能出版學術論文，在諸多要素中，大量樣本、T 統計量及對照組絕不可少。

10. Markowitz 1952b.

11. Markowitz 1990.

・第九章・

1. 1960 年，公尺的標準改為氪原子輻射的波長。自 2019 年 5 月 20 日起，公斤的規格更改，如今由量子力學中的普朗克常數（Planck constant）定義。

2. 要得出攝氏溫度，只需將華氏溫度減去 32，然後再除以 1.8。

3. Parts of this chapter are adapted from Szpiro 2003 and Szpiro 2010b.

4. Starr (2008), 233.

5. This quote is from Arrow 1951, 59; see also Szpiro 2010b.

6. 多數決原則會導致所謂孔多塞循環（Condorcet cycles）。可參考 Szpiro 2010b。

7. Pratt 1964, 122.

8. 曲率在數學上存在著多個定義。為了簡化，我在此將效用函數的二階導數 U''（財富）當作圖形的曲率。請注意，U'（財富）為正，表示大家較偏好「更多」勝過「更少」；而 U''（財富）為負，則代表對變動（也就是風險）的厭惡。

9. 對數學感興趣的讀者可能會注意到，雖然效用函數最多只能線性轉換，風險趨避在線性轉換下並不會改變。

10. For example, Szpiro 1986.

11. 作為本章的補充說明，我再提一個稱作施瓦茨導數（Schwarzian derivative）的數學表達式：$S(W) = U'''(W)/U'(W) - \frac{3}{2}[U''(W)/U'(W)]^2$。施瓦茨導數不僅包含阿羅與普拉特的風險趨避程度，也包括 $U'''(W)$ 這個項，可理解成對財富分佈偏度（the skewness of the wealth distribution）的好惡。多年前在耶路撒冷的一場研討會上，我有機會詢問阿羅對施瓦茨導數的看法。他知道施瓦茨導數，但跟我說，他從來無法明白這在經濟學上的重要性為何。（可參見 Szpiro 1988）

·第十章·

1. Martin 2010.

2. Allais 1988, 3.

3. Samuelson 1986, 84.

4. 由於龐加萊是法國人，阿萊可能是出於愛國主義——若非民族主義——情緒而捲入此爭議。無論如何，這項剽竊的指控已被駁倒（見 Szpiro 2007）。此外還有一個問題：阿萊一方面聲稱愛因斯坦剽竊了相對論，另一方面，他的實驗卻反駁了這個理論。

5. 1988 年 6 月，我在布達佩斯參加「第四屆效用、風險與決策理論的基礎與應用國際會議」（Fourth International Conference on Foundations and Applications of Utility, Risk, and Decision Theory）時，遇見了阿萊。他來聽我的發表令我受寵若驚，之後單獨找我長談他的人生與成就。會後幾天，一個包裹寄到我家，裡面裝滿他的科學論文影本。我盡責地為我任職的《新蘇黎世報》（Neue Zürcher Zeitung）寫了一篇這次會議的報導，自然也提及阿萊對經濟學理論的重要性。之後我才恍然大悟，他會上前找我，並不是因為我（非常普通）的科學研究，也不是因為我多有魅力，而是因為我是媒體人。僅僅四個月後，諾貝爾獎頒發給他。

6. 阿萊用的貨幣單位是法郎。

7. Allais 1953, 527.

8. Wells 2001, 49.

9. Ellsberg 2006.

10. United Press International 1971.

11. 艾斯柏格原來的問法不大一樣。我這裡帶出「獨立於無關選項」的方式比較容易理解。對回答「藍色」的人，這個悖論也成立。

.12. Ellsberg 1962, 651.

13. 美國經濟學家法蘭克·奈特（Frank Knight）區分了**風險**（risk）與**不確定性**（uncertainty）的不同：風險的**機率已知**（例如，90 顆球中有 60 顆），不確定性則否（例如，90 顆球中，30 到 60 顆都有可能）。

·第十一章·

1. Simon 1955, 99.

2. Simon 1978.

3. 該機構之後與芝加哥大學經濟學系發生糾紛，遷至耶魯大學，更名為考爾斯經濟學研究基金會（Cowles Foundation for Research in Economics）。

4. Both quotes are from Simon 1955, 99.

5. 實際上，身為數學系學生的作者與經濟學的首度相逢，是德布魯的《價值理論》（*Theory of Value*），這本專著純粹把經濟學當作數學模型的展現。

6. Conlisk 1996, 670.

7. Selten 2001, 14.

8. 莫頓與修斯於 1997 年獲得諾貝爾經濟學獎。更多資訊，請參考 Szpiro 2011。

9. Simon 1955, 101.

10. 但請注意，提出財富的邊際效用遞減這個假設時，白努利其實已將人心（即心理層面）融入經濟學決策的研究裡。

11. Simon 1955, 99.

·第十二章·

1. Both quotes are from Tversky and Kahneman 1974, 1124.

2. Lewis 2016.

3. 康納曼與弗農·史密斯（Vernon Smith）分享了這個獎項。（特維斯基無緣獲此殊榮，因為諾貝爾獎不頒給逝者。）引述來自 NobelPrize.org 2017b。

4. Kahneman 2002.

5. 對人類心智而言，平均值顯然比總和容易計算。

6. 為了易於理解，我簡化了實驗設計。

7. 廣告隨時都出現這種違反情況。例如，廣告中倚在跑車引擎蓋上的超模不應理會，因為她跟車子的性能無關。但顯然——或至少廣告主期待——加上這個模特兒會讓男人想買這款車！

8. These quotes are from Tversky and Kahneman 1974, 1128.

9. Tversky and Kahneman 1974, 1128.

10. 彼得某晚在一條漆黑的街上遇見保羅，保羅正在街燈旁找東西。「我在停車場掉了車鑰匙，」保羅說。「那你幹嘛在這裡找，而不在停車場找？」彼得問。「這裡才有燈光呀，」保羅回答。

11. Tversky and Kahneman 1974, 1128.

12. 不要——再三強調——千萬不要，把均值回歸用在丟硬幣或轉輪盤上。如果那樣，你就落入了賭徒謬誤，本章即將談到。

13. 馬可維茲已提出類似主張。（見第八章）

14. 輪盤賭連續轉出同一個顏色且持續最久的紀錄，出現在 1943 年美國一家賭場裡，這家賭場連續轉出 32 次紅色。這樣的機率是 0.000000023%。若在聖彼得堡悖論，這將導致 43 億元的獎金；不過請注意，玩家在轉第 31 次時，得下超過 21 億元的賭注。

15. 這個字也可指其他決策問題，如：選擇伴侶、購屋、教育機會，或更廣泛地來說，整體福祉。引文引自 Kahneman and Tversky (1979), 263。

16. 請注意，馮‧紐曼與摩根斯坦，還有其他賽局理論家，對編輯階段的 2、3、4、6 作業都沒有意見。這些是符合理性決策所有公理的簡化程序。

17. 傅利曼與薩維奇視效用為貨幣收入之函數，零收入等同零效用。而馬可維茲其實已將當下財富視為參考點。

18. Kahneman and Tversky (1979), 279.

19. Kahneman and Tversky (1979), 280.

20. If we denote the subjective value of the payout as *v(amount in dollars),* then the two decision problems that make up the Allais Paradox can be written as follows (you may want to refer back to chapter 9 before continuing):

    (A) $v(1,000) > \pi(0.10) \cdot v(5 \text{ million}) + \pi(0.89) \cdot v(1 \text{ million}) + \pi(0.01) \cdot v(0)$ and

    (B) $\pi(0.10) \cdot v(5 \text{ million}) + \pi(0.90) \cdot v(0) > \pi(0.11) \cdot v(1 \text{ million}) + \pi(0.89) \cdot v(0)$.

    Because v(0) = 0, (A) and (B) can be rewritten as

    (A') $[1 - \pi(0.89)] \cdot v(1 \text{ million}) > \pi(0.10) \cdot v(5 \text{ million})$

    (B') $\pi(0.10) \cdot v(5 \text{ million}) > \pi(0.11) \cdot v(1 \text{ million})$.

    Hence, $[1 - \pi(0.89)] \cdot v(1 \text{ million}) > \pi(0.11) \cdot v(1 \text{ million})$ or, written differently, $\pi(0.89) + \pi(0.11) < 1$.

21. The experiment's result says that $\pi(0.001) \cdot v(6,000) > \pi(0.002) \cdot v(3,000)$. Hence, $\pi(0.002) / \pi(0.001) < v(6,000) / v(3,000)$. Because the marginal value of money—like marginal utility—decreases, $v(6,000) / v(3,000) < 2$. Hence, $\pi(0.002) / \pi(0.001) < 2$ or $\pi(0.002) < 2 \cdot \pi(0.001)$. This is the definition of subadditivity.

22. Consider these two decision problems:

    (A) Receive $4,000 with probability of 80 percent, or $3,000 for sure.

    (B) Receive $4,000 with probability of 20 percent, or $3,000 with probability of 25 percent.

    In gamble (A), most people opt for the sure thing, and in gamble (B), most people opt for the first of the two alternatives. Note, however, that problem (B) is the same as problem (A)—it is simply scaled down by three-quarters. This means that

    (A') $\pi(1) \cdot v(3,000) > \pi(0.80) \cdot v(4,000)$, hence $\pi(0.80) / \pi(1) < v(3000) / v(4000)$ and

    (B') $\pi(0.20) \cdot v(4,000) > \pi(.25) \cdot v(3,000)$, hence $v(3000) / v(4000) < \pi(0.20) / \pi(0.25)$.

    Therefore, $\pi(0.80) / \pi(1.00) < \pi(0.20) / \pi(0.25)$, or in general terms, $\pi(p) / \pi(q) < \pi(\alpha p) / \pi(\alpha q)$, where α is a constant.

    This is satisfied if $Ln(\pi(p))$ is a convex function of $Ln(p)$.

23. 務必要清楚區分「**過度加權**」（overweighting）與「**高估**」（overestimation）：過度加權是**決策權數的一個特性**；高估則常見於**對稀有事件發生機率的評估**，屬於運用某種**捷思法**後產生的**結果**。

24. $\pi(0.001) \cdot v(5,000) > v(5)$. Hence, $\pi(0.001) > v(5)/v(5,000)$ and because marginal value decreases, $v(5,000) < 100 \cdot v(5)$. Thus, $\pi(0.001) > 0.001$.

25. 其實還有另一種決策模型，名為「**生態理性**」（ecological rationality）（來自生態學〔ecology〕：生物彼此間的交互作用，以及與大環境交互作用的科學）。該模型由**弗農・史密斯**（2002 年與康納曼同獲諾貝爾經濟學獎）和德國的**捷爾德・蓋格瑞澤**（Gerd Gigerenzer）率先提出，認為捷思法若利用環境中的資訊結構，則就生態而言堪稱理性。

例如，若問歐洲人，北美洲哪個都會區人口最多，他們可能會說是紐約市，只因這是他們在媒體上最常看見或聽說的都市。而他們錯了——墨西哥市擁有最龐大的都會人口更多——但由於媒體提及那座城市的次數和城市的人口不相關，所以這樣的捷思法並非毫無道理。說到底，紐約市也排名第二。

・第十三章・

1. Smith 1776, *Book IV*, Chapter V, 534.

2. 這些話引自 NobelPrize.org 2017a, 2017b。很不可思議，麥克・路易士（Michael Lewis）預見，或該說推測到了，塞勒將拿到諾貝爾獎。他在那本暢銷著作《橡皮擦計畫》（*The Undoing Project*）第 278 頁寫道，塞勒「當時並非……任何人眼中未來的諾貝爾得主」。此書於 2017 年秋出版，就在諾貝爾得獎名單出爐前幾週！

3. Thaler 1980, 39.

4. These quotes are from Thaler 1980, 57, 58.

5. Thaler 1980, 58.

6. Thaler and Sunstein 2008, 5; McKay 2015.

7. Chakrabortty 2008。這篇文章隻字未提，同樣的手段也能完成惡劣的事情。

8. Fuller & Thaler. https://www.fullerthaler.com/about.

9. Kahneman 2003, 1449.

參考文獻

Albee, Ernest. 1902. *A History of English Utilitarianism*, London: Swan Sonnenschein & Co.

Allais, Maurice. 1943. *À la Recherche d'une Discipline Économiqu*e [In quest of an economic discipline]. Paris: Ateliers Industria.

——. 1947. *Économie et Interêt* [Economy and interest]. Paris: Imprimerie Nationale.

——. 1953. "Le Comportement de l'Homme Rationnel devant le Risque: Critique des Postulats et Axiomes de l'Ecole Americaine." (Behavior of rational man when faced with risk: critique of the postulates and axioms of the American School.) *Econometrica* 21 (4): 503–546.

——. 1988. "An Outline of My Main Contributions to Economic Science. Nobel Lecture, December 9, 1988." *American Economic Review* 87 (6): 3–12.

Aristotle. 1906. *Nicomachean Ethics* [c.340 BCE]. London: Kegan Paul. https:// www.stmarys-ca.edu/sites/default/files/attachments/files/Nicomachean_ Ethics_0.pdf.

——. *Politika* [c.350 BCE]. Available online at http://classics.mit.edu/ Aristotle/politics.html.

Arrow, Kenneth. 1951. *Social Choice and Individual Value*s. New York: Wiley.

——. 1965. *Aspects of the Theory of Risk Bearing*. Helsinki: Yrjö Jahnssonin.

Ashley-Cooper, Anthony, 3rd Earl of Shaftesbury. 1711. *Characteristicks of Men, Manners, Opinion, and Times*, 3 vols. (Reprinted by Kessinger Publishing, Whitefish NY, 2010.)

Bentham, Jeremy. 1843. *The Works of Jeremy Bentham, Published Under the Supervision of His Executor, John Bowrin*g, 11 vols. Edinburgh: Tait. https://oll. libertyfund.org/titles/bentham-works-of-jeremy-bentham-11-vols

經濟學的決策思想

———. "Anarchical Fallacies," in *Works*, 1843, Vol. II.

———. "Fragment on Government," in *Works*, 1843, Vol. I.

———. "A Manual of Political Economy," in *Works*, 1843, Vol. III.

———. *Pannomial Fragments, in Works*, 1843, Vol. III.

———. *Principles of the Civil Code, in Works*, 1843, Vol. I.

———. "Principles of Morals and Legislation," in *Works*, 1843, Vol. I.

———. "Short Review of the Declaration," in *An Answer to the Declaration of Independence*, ed. John Lind, 1776. https://archive.org/details/cihm_20519/page/n17, 119–132.

Bernoulli, Daniel. 1954. "Specimen Theoriae Novae De Mensura Sortis" [Exposition of a new theory for the measurement of chance], 1738; published in English in *Econometrica* 22: 23–36.

Bernoulli, Nikolaus. 1709. *De Usu Artis Conjectandi in Jure* [On the use of the technique of conjecturing on matters of law], https://books.google.co.il/books?id=4xd8nQAACAAJ&printsec=frontcover&source=gbs_ge_summary_r&cad=0#v=onepage&q&f=false English translation https://www.cs.xu.edu/math/Sources/NBernoulli/de_usu_artis.pdf.

Bordas, Louis. 1847. "De la mesure de l'utilité des travaux publics." *Annales des Ponts et Chaussées* 2nd ser. 249–284.

Chakrabortty, Aditya. 2008. "From Obama to Cameron, Why Do So Many Politicians Want a Piece of Richard Thaler?" *Guardian*, July 12, https://www.theguardian.com/politics/2008/jul/12/economy.conservatives.

Collison Black, R. D., ed. 1973. Correspondence, 1850–1862. Vol. 2 of *Papers and Correspondence of William Stanley Jevons*. London: Palgrave Macmillan.

———. 1977a. *Correspondence, 1863–1872*. Vol. 3 of *Papers and Correspondence of William Stanley Jevons*. London: Palgrave Macmillan.

———. 1977b. *Correspondence, 1873–1878*. Vol. 4 of *Papers and Correspondence of William Stanley Jevons*. London: Palgrave Macmillan.

Collison Black, R. D., and Rosamond Konekamp, eds. 1972. *Biography and Personal Journals*. Vol. 1 of *Papers and Correspondence of William Stanley Jevons*. London: Palgrave Macmillan.

Conlisk, John. 1996. "Why Bounded Rationality?" *Journal of Economic Literature* 34 (2): 669–700.

Copeland, Arthur. 1945. "Review: John von Neumann and Oskar Morgenstern, *Theory of Games and Economic Behavior.*" *Bulletin of the American Mathematical Society* 51: 498–504.

Cournot, Antoine. 1838. *Recherches sur les principes mathématiques de la théorie des richesses.* Paris: Hachette.

Debreu, Gérard. 1972. *Theory of Value: An Axiomatic Analysis of Economic Equilibrium.* Cowles Foundation Monographs Series. New Haven, CT: Yale University Press.

Devlin, Keith. 2008. *The Unfinished Game: Pascal, Fermat, and the Seventeenth-Century Letter That Made the World Modern.* New York: Basic Books.

Diogenes Laërtius. n.d. *Lives of the Eminent Philosophers*, 180–270 CE. https://en.wikisource.org/wiki/Lives_of_the_Eminent_Philosophers

Dockès, Pierre. 1996. *La société n'est pas un pique-nique: Léon Walras et l'économie sociale.* [Society is no picknick: Léon Walras and social economics], Paris: Économica.

Dupuit. Jules. 1844. "De la mesure de l'utilité des travaux publics" [On measuring the usefulness of public works]. *Annales des Ponts et Chaussees. Reprinted in Revue Française d'Économie* 10, no. 2 (1995): 55–94, http://bibliotecadigital. econ.uba.ar/download/Pe/181746.pdf.

——. 1849. "De l'influence des péages sur l'utilité des voies de communication." [About the influence of tolls on the utility of transportation routes], *Annales des Ponts et Chaussées*, 2nd ser.: 170–248.

Ellsberg, Daniel. 1961. "Risk, Ambiguity, and the Savage Axioms." *Quarterly Journal of Economcs* 75: 643–669.

——. 2001. *Risk, Ambiguity, and Decision.* New York: Garland.

——. 2006. "Extended Biography." http://www.ellsberg.net/bio/extended-biography/.

Epicurus. n.d. *Letter to Menoeceus*, https://users.manchester.edu/Facstaff/SSNaragon/Online/texts/316/Epicurus,%20LetterMenoeceus.pdf.

——. n.d. *Vatican Sayings*, (14th century). http://epicurus.net/en/vatican.html.

Fechner, Gustav Theodor. 1860. *Elemente der Psychophysik* [Elements of psychophysics]. Leipzig, Germany: Breitkopf & Härtel.

Fisher, Irving. 1961. *Mathematical Investigations in the Theory of Value and Prices.* Originally published in 1892. New York: A. M. Kelley.

Forrester, John. 2004. "Freud in Cambridge." *Critical Quarterly* 46 (2): 12.

Friedman, Milton, and L. J. Savage. 1948. "The Utility Analysis of Choices Involving Risk." *Journal of Political Economy* 56 (4): 279–304.

——. 1952. "The Expected-Utility Hypothesis and the Measurability of Utility." *Journal of Political Economy* 60 (6): 463–474.

Fuller & Thaler Asset Management. n.d. About the Company, https://www. fullerthaler.com/about.

Galavotti Maria C., ed. 2006. *Cambridge and Vienna: Frank P. Ramsey and the Vienna Circle.* Heidelberg, Germany: Springer.

Gossen, Hermann Heinrich. 1854. *Entwickelung der Gesetze des menschlichen Verkehrs, und der daraus fliessenden Regeln für menschliches Handeln* [Development of the laws of human commerce, and of the resulting rules of human action]. Braunschweig, Germany: Friedrich Vieweg und Sohn.

Hurwicz, Leonard. 1945. "The Theory of Economic Behavior." *American Economic Review* 35 (5): 909–925.

Huygens, Christiaan. 1657. "De ratiociniis in aleae ludo" [On Reasoning in Games of Chance]. In Frans van Schooten, *Exercitationum Mathematicarum.* Leyden, Netherlands: Johannis Elsevirii, 521–534.

Jaffé, William. 1935. "Unpublished Papers and Letters of Léon Walras." *Journal of Political Economy* 43 (2): 187–207.

——. 1954. Translation of *Elements of Pure Economics*, London: George Allen and Unwin.

——. 1983. *William Jaffé's Essays on Walras*, ed. Donald A. Walker. Cambridge: Cambridge University Press.

Jefferson, Thomas. 1816. *Letter to P. S. Dupont de Nemours,* April 24. http:// www.let.rug.nl/usa/presidents/thomas-jefferson/letters-of-thomas-jefferson/ jefl243.php.

Jevons, Stanley. 1863. *A Serious Fall in the Value of Gold Ascertained, and Its Social Effects Set Forth, with Two Diagrams.* London: Edward Stanford.

——. 1865. *The Coal Question: An Inquiry Concerning the Progress of the Nation and the Probable Exhaustion of Our Coal Mines*. London and Cambridge: Macmillan.

——. 1866. "A Brief Account of a General Mathematical Theory of Political Economy." *Journal of the Royal Statistical Society* 29: 282–287.

——. 1871. *The Theory of Political Economy*, 2nd ed. (5th ed., 1879; reprinted NewYork: August N. Kelley, 1957, 1965). https://archive.org/stream/JevonsW.S1871TheTheoryOfPoliticalEconomy/Jevons%2C%20W.%20S%20%281871%29%2C%20The%20Theory%20of%20Political%20Economy_djvu.txt

Kahneman, Daniel. 2002. *Maps of Bounded Rationality: A Perspective on Intuitive Judgment and Choice*, Nobel Prize Lecture, https://www.nobelprize.org/uploads/2018/06/kahnemann-lecture.pdf.

——. 2003. "Maps of Bounded Rationality: Psychology for Behavioral Economics."*American Economic Review* 93 (5): 1449–1475.

Kahneman, Daniel, and Amos Tversky. 1972. "Subjective Probability: A Judgment of Representativeness." *Cognitive Psychology* 3: 430–454.

——. 1979. "Prospect Theory: An Analysis of Decision Under Risk." *Econometrica* 47 (2): 263–292.

Keynes, John Maynard. 1921. *Treatise on Probability*. London: Macmillan.

——. 1930. "F. P. Ramsey." *The Economic Journal* 40: 153–154.

Klausinger, Hansjörg. 2013. *Academic Anti-Semitism and the Austrian School: Vienna, 1918–1945*. Department of Economics, Wirtschaftsuniversität Wien, Working Paper 155.

Kolmogorov, Andrey Nicolayevich. 1933 [1950]. *Foundations of the Theory of Probability*, 2nd English ed., New York: 1950.

Kuntze, Johannes Emil. 1982. *Gustav Theodor Fechner (Dr. Mises) Ein deutsches Gelehrtenleben*. Leipzig, Germany: Breitkopf & Härtel.

Laplace, Pierre-Simon. 1814. *Théorie analytique des probabilités*, 2nd ed. Paris: Courcier.

——. 1840. *Essai philosophique sur les probabilités*, 6th ed. [Philosophical essay on probability]. Paris: Bachelier, 1840 (Originally published in 1814).

Leonard, Robert. 2010. *Von Neumann, Morgenstern, and the Creation of Game Theory*, Cambridge: Cambridge University Press.

Lewis, Michael. 2016. *The Undoing Project: A Friendship That Changed Our Minds.* New York: Norton.

Lissner, Will. 1946. "Mathematical Theory of Poker Is Applied to Business Problems."*New York Times*, March 10.

Locke, John. 1690. "An Essay Concerning the True Original Extent and End of Civil Government," in *Two Treatises on Government.* (Reprinted Boston: Edes and Gill, 1773.) http://www.bookwolf.com/newsite_0920_No_Use/Wolf/pdf/JohnLocke-essayConcerningTheTrueOriginalExtenet.pdf.

Markowitz, Harry. 1952a. "The Utility of Wealth." *Journal of Political Economy* 60 (2): 151–158.

——.1952b. "Portfolio Selection." *Journal of Finance* 7 (1): 77–91.

——. 1990. *Nobel Prize Lecture,* https://www.nobelprize.org/prizes/economic-sciences/1990/markowitz/biographical/.

Marschak, J. 1946. "Neumann's and Morgenstern's New Approach to Static Economics." *Journal of Political Economy* 54 (2): 97–115.

Martin, Douglas. 2010. "Maurice Allais, Nobel Winner, Dies at 99." *New York Times*, October 11.

Marx, Karl. 1867. *Das Kapital, Volume I.*, https://www.marxists.org/archive/marx/works/download/pdf/Capital-Volume-I.pdf.

McKay, Adam. 2015. *The Big Short.* Regency Enterprises and Plan B Entertainment.

Menger, Carl. 1871. *Grundsätze der Volkswirtschaftslehre* [Principles of economics]. Vienna: Wilhelm Braumüller.

——. 1883. *Untersuchungen über die Methode der Sozialwissenschaften* [Inquiries into the methods of the social sciences]. Leipzig, Germany: Duncker und Humblot.

——. 1884. *Die Irrthümer des Historismus in der deutschen Nationalökonomie* [The errors of historicism in German political economy]. Vienna: Alfred Hölder.

Morgenstern, Oskar. 1976. "The Collaboration Between Oskar Morgenstern and John von Neumann on the Theory of Games." *Journal of Economic Literature* 14: 805–816.

——. n.d. *Oskar Morgenstern Papers*, Rubenstein Rare Book and Manuscript Library, Duke University.

NobelPrize.org. 2017a. "Press Release: The Prize in Economic Sciences 2017." https://www.nobelprize.org/prizes/economic-sciences/2017/press-release/.

——. 2017b. "The Prize in Economic Sciences 2017." https://www. nobelprize.org/prizes/economic-sciences/2017/summary/.

Planck, Max. 1948. *Wissenschaftliche Selbstbiographie*. Leipzig, Germany: Johann Ambrosius Barth Verlag.

Pratt, John. 1956. *Some Results in the Decision Theory of One-Parameter Multivariate Polya-Type Distributions*. PhD thesis, Stanford University, 1956.

——. 1964. "Risk Aversion in the Small and in the Large." *Econometrica* 32 (1/2): 122–136.

——. 1995. *Introduction to Statistical Decision Theory*. Cambridge, MA: MIT Press.

Programme on Women's Economic, Social, and Cultural Rights. 2015. *Human Rights for All: International Covenant on Economic, Social and Cultural Rights* (1966). http://www.pwescr.org/PWESCR_Handbook_on_ESCR.pdf.

Pulskamp, Richard J., trans. 2013. "Correspondence of Nicolas Bernoulli Concerning the St. Petersburg Game," in *Die Werke von Jakob Bernoulli*, Vol. 3, http://cerebro.xu.edu/math/Sources/NBernoulli/correspondence_petersburg_game.pdf.

Rabl, Carl. 1909. *Geschichte der Anatomie an der Universität Leipzig*, https:// archive.org/stream/geschichtederana00rabluoft/geschichtederana00rabluoft_djvu.txt.

Ramsey, Frank Plimpton. 1926. "Truth and Probability," in *The Foundations of Mathematics and Other Logical Essays*, ed. R. B. Braithwaite. New York: Harcourt, Brace, and Company, 1926, 156–198.

——. 1927. "A Contribution to the Theory of Taxation." *The Economic Journal* 37 (145): 47–61.

——. 1928. "A Mathematical Theory of Saving." *The Economic Journal* 38 (152): 543–559.

Rémond de Montmort, Pierre. 1713. *Essay d'analyse sur les jeux de hazard*, Jacques Quillau Imprimeur-juré libraire de l'Université, https://books.google.

co.il/books?id=e6EXbosJmt8C&printsec=frontcover&source=gbs_ge_summary_
r&cad=0#v=onepage&q&f=false.

Roscoe, William. 1802. *The Butterfly's Ball, and the Grasshopper's Feast.*
London: J. Harris.

Royal Swedish Academy of Sciences. 2002. "Press Release." https://www.
nobelprize.org/prizes/economic-sciences/2002/press-release/.

Sampson, A. R., and B. Spencer. 1999. "A Conversation with I Richard
Savage." *Statistical Science* 14 (1): 126–148.

Samuelson, Paul. 1986. *Collected Scientific Papers*, Vol. V. Cambridge, MA:
MIT Press.

Savage, Leonard. 1954. *Foundations of Statistics.* New York: Wiley.

Schmoller, Gustav von. 1883. "Zur Methodologie der Staats- und Sozial-
Wissenschaften" [On the methodology of political and social sciences]. *Jahrbuch
für Gesetzgebung, Verwaltung und Volkswirtschaft im Deutschen Reich*, 7, 239–
258. https://www.digizeitschriften.de/dms/img/?PID=PPN345575393_0007%7C
LOG_0044.

———. 1884. "Comments on Menger's 'Die Irrthümer des Historismus.'"
Jahrbuch für Gesetzgebung, Verwaltung und Volkswirtschaft im deutschen Reich 8,
677. https://www.digizeitschriften.de/dms/img/?PID=PPN345575393_0008|LOG
_0031&physid=PHYS_0694#navi.

Selten, Reinhard. 2001. "What Is Bounded Rationality?" in *Bounded
Rationality: The Adaptive Toolbox*, ed. G. Gigerenzer and R. Selten. Cambridge,
MA: MIT Press.

Simon, Herbert. 1945. *"Theory of Games and Economic Behavior by John
Von Neumann; Oskar Morgenstern."* *American Journal of Sociology* 50 (6): 558–
560.

———. 1955. "A Behavioral Model of Rational Choice." *Quarterly Journal of
Economics* 69 (1): 99–118.

———. 1978. "Biographical." https://www.nobelprize.org/prizes/economic-
sciences/1978/simon/biographical/.

Smith, Adam. 1759. *The Theory of Moral Sentiments*, printed for Andrew
Millar, in the Strand; and Alexander Kincaid and J. Bell, in Edinburgh.

——. 1776. *Wealth of Nations*. London: W. Strahan and T. Cadell.

Starr, Ross M. 2008. "Arrow, Kenneth Joseph (born 1921)," in *The New Palgrave Dictionary of Economics* (2nd ed.), eds. Steven N. Durlauf and Lawrence E. Blume. London: Palgrave Macmillan, 232–241, https://econweb.ucsd.edu/~rstarr/ARTICLEwnotes.pdf.

Stone, Richard. 1948. "The Theory of Games." *The Economic Journal* 58 (230): 185–201.

Szpiro, George G. 1986. "Measuring Risk Aversion: An Alternative Approach."*The Review of Economics and Statistics*, 68: 156–159.

——. 1988. "Risk Aversion as a Function of Variance and Skewness." In Atila Chikan, ed. *Progress in Decision, Utility and Risk Theory*. Heidelberg: Springer

——. 2003. *Kepler's Conjecture*. Hoboken, NJ: John Wiley.

——. 2006. *The Secret Life of Numbers: 50 Easy Pieces on How Mathematicians Work and Think*. Washington DC: Joseph Henry Press.

——. 2007. *Poincare's Prize*. New York: Dutton.

——. 2010a. *A Mathematical Medley*. Providence, RI: American Mathematical Society.

——. 2010b. *Numbers Rule: The Vexing Mathematics of Democracy, from Plato to the Present*. Princeton, NJ: Princeton University Press.

——. 2011. *Pricing the Future: Finance, Physics, and the 300-Year Journey to the Black-Scholes Equation*. New York: Basic Books.

——. 2013. "Value Judgments." *Nature* 500, 421–523.

Thaler, Richard. 1980. "Towards a Positive Theory of Consumer Choice." *Journal of Economic Behavior and Organization* 1 (1): 39–60.

——. 2016. *Misbehaving: The Making of Behavioral Economics*. New York: Norton.

Thaler, Richard H., and Cass R. Sunstein. *Nudge: Improving Decisions About Health, Wealth, and Happiness*. New Haven, CT: Yale University Press, 2008.

Tversky, Amos, and Daniel Kahneman. 1974. "Judgment Under Uncertainty: Heuristics and Biases." *Science*, New Series 185 (4157): 1124–1131.

——. 1981. "The Framing of Decisions and the Psychology of Choice." *Science* 211:453–458.

United Press International. 1971. "The Pentagon Papers." *1971 Year in Review*, https://www.upi.com/Archives/Audio/Events-of-1971/The-Pentagon-Papers/.

United Nations. 1948. *Universal Declaration of Human Rights*. http://www.un.org/en/udhrbook/pdf/udhr_booklet_en_web.pdf.

UShistory.org. *Declaration of Independence*, 1776, http://www.ushistory.org/declaration/document/.

von Neumann, John. 1928. "Zur Theorie der Gesellschaftsspiele [On the theory of parlor games] *Mathematische Annalen*: 295–320.

von Neumann, John, and Oskar Morgenstern. 1944. *Theory of Games and Economic Behavior*. Princeton, NJ: Princeton University Press.

——. 1947. *Theory of Games and Economic Behavior* (2nd rev. ed.). Princeton, NJ: Princeton University Press.

Walras, Léon. 1860. "De la cherté des loyers à Paris", *La Presse*, October 19, 1860, https://gallica.bnf.fr/ark:/12148/bpt6k4788476.item. Also front pages October 26, 29, November 6

——. 1874a. "Principe d'une théorie mathématique de l'échange" [Principle of a mathematical theory of exchange]. *Journal des Économistes* 34: 5–22.

——. 1874b. *Éléments d'Économie Politique Pure, ou Théorie de la Richesse Sociale* [Elements of Pure Economics, or the Theory of Social Wealth], 2 vols., Lausanne: L. Corbaz, (2nd ed. Lausanne: L. Corbaz, 1889).

——. 1885. "Un economiste inconnu: Hermann-Henri Gossen." *Journal des Économistes* 30: 68–90.

——. 1896. *Études d'économie sociale*. Paris: F. Rouge, 1896.

——. 1898. *Études d'économie politique appliquée*. Paris: F. Rouge, 1898.

——. 1908. "Un initiateur en economie politique, A. A. Walras." *La revue du mois*, August 10.

Watson, John. 1895. *Hedonistic Theories from Aristippus to Spencer*. London and New York: Macmillan.

Weber, Ernst Heinrich. 1830. *Handbuch der Anatomie des menschlichen Körpers* [Manual of general anatomy of the human body]. Leipzig, Germany: Köhler.

——. 1834. *De subtilitate tactus* [On the precision of the sense of touch].

——. 1846. *Tastsinn und Gemeingefühl*. Reprinted 1905 (ed. Ewald Hering).

Wells, Tom. 2001. *Wild Man: The Life and Times of Daniel Ellsberg*. London: Palgrave Macmillan.

Whately, Richard, Archbishop of Dublin. 1831. *Easy Lessons on Money Matters, for the Use of Young People*. London: Society for Promoting Christian Knowledge.

Wittgenstein, Ludwig. 1921. *Tractatus logico-philosophicus*." (First published in German in 1921 as *Logisch-Philosophische Abhandlung*. First English edition: New York: Harcourt, Brace, and Co., 1922.)

經濟學的決策思想

300 年來，人類如何思索風險，選擇與不確定

Risk, Choice, and Uncertainty
Three Centuries of Economic Decision-Making

George G. Szpiro

大寫出版
書系〈catch On! 知道的書〉 HC0101
著者　喬治・史皮婁
譯者　劉凡恩
特約編輯　汪冠岐
封面／全書內文視覺設計　張巖
行銷企畫　王綬晨、邱紹溢、陳詩婷、曾曉玲、曾志傑
大寫出版　鄭俊平
發行人　蘇拾平

發行 大雁文化事業股份有限公司
台北市復興北路 333 號 11 樓之 4

初版一刷 2021 年 10 月
ISBN 978-957-9689-67-0
定價 500 元

版權所有・翻印必究 Printed in Taiwan・All Rights Reserved
本書如遇缺頁、購買時即破損等瑕疵，請寄回本社更換
歡迎光臨大雁出版基地官網 :www.andbooks.com.tw

國家圖書館出版品預行編目 (CIP) 資料

經濟學的決策思想　300 年來，人類如何思索風險，選擇與不確定
喬治. 史皮婁（George G. Szpiro）著；劉凡恩 譯初版｜臺北市：大寫出版：大雁文化
事業股份有限公司發行，2021.11　364 面；15*21 公分 . -- (Catch on! 知道的書；HC0101)
譯自 : Risk, choice, and uncertainty : three centuries of economic decision-making
ISBN 978-957-9689-67-0（平裝）
1. 經濟學 2. 決策管理 3. 風險管理

550　　　　　　　　　　　　　　　　　　　　　　　　110014935